CLEOPATRA

CLEOPATRA DE EGIPTO

por Marcela Altamirano C.

Grupo Editorial Tomo, S.A. de C.V.
Nicolás San Juan 1043
03100 México, D.F.

1a. edición, octubre 2003.
2a. edición, febrero 2005.

© Grupo Editorial Tomo, S.A. de C.V.
Cleopatra

© 2005, Grupo Editorial Tomo, S.A. de C.V.
Nicolás San Juan 1043, Col. Del Valle
03100 México, D.F.
Tels. 5575-6615, 5575-8701 y 5575-0186
Fax. 5575-6695
http://www.grupotomo.com.mx
ISBN: 970-666-866-7
Miembro de la Cámara Nacional
de la Industria Editorial No 2961

Proyecto: Marcela Altamirano
Diseño de Portada: Trilce Romero
Formación Tipográfica: Servicios Editoriales Aguirre, S.C.
Supervisor de producción: Leonardo Figueroa

Impreso en México - *Printed in Mexico*

Contenido

Prólogo

Nos encontramos ante uno de los personajes femeninos más atractivos desde su propia época, de quien se han escrito numerosas biografías, todas ellas basadas en una media docena de escritores antiguos, cuyos testimonios hemos rescatado para tratar de descubrir cuáles fueron los avatares de su azarosa vida.

Nos referimos a Cleopatra VII, último miembro de la dinastía Tolemaica; hija de faraones greco-egipcios, que influyó con su seductora belleza en el poderío de Roma. Su habilidad política deslumbraba por encima de la de todos los hombres reinantes de su época, mostrando cómo sabía unir, con inteligencia y agudeza, el arte, la comprensión y el ingenio tradicional de las tierras de levante, todo esto mezclado con el instinto del que sólo las mujeres están dotadas. El poder llega a Cleopatra cuando ella aún no ha cumplido los diecisiete años; cuando Julio César la proclama reina de Egipto.

Los testimonios de sus contemporáneos la describen pequeña, graciosa, más gruesa que delgada, de piel blanca, ojos y cabellos negros, de indudable belleza aunque no espectacular. Dicen que la voz de Cleopatra, por su perfecta modulación, siempre cautivadora y persuasiva, era el más potente de sus ejércitos.

En estas páginas se relata la historia de esta extraordinaria mujer y de sus tres romanos, entreverada de técnicas de seducción, estrategias militares y toques de romanticismo, invitando al lector a vivir momentos extraordinarios y mortales que se ven pocas veces en las mujeres, porque aun las geniales necesitan carácter para subsistir ante las oscilaciones del poder y de la grandeza.

Dicen que la influencia de Cleopatra fue la que puso de manifiesto la división entre Oriente y Occidente. Cuando Julio César cayó en sus redes, sus enemigos propalaron el rumor de que pensaba trasladar la capital del mundo a Alejandría, y que Roma quedaría relegada a segundo término. Lo que entonces se temió se cumplió pocos años después, cuando Antonio y Cleopatra gobernaron desde Alejandría. La unidad del Imperio se echó al olvido, y la guerra de Octavio contra ambos fue algo más que una simple campaña: fue una cruzada para la reunificación.

Frente a su destino, Cleopatra se mostró siempre heroica en sus últimas luchas. La audaz mujer hizo lo que sólo muy pocos hombres son capaces de hacer: conociendo su destino y su trágico fin se puso virilmente frente a él.

La vida de Cleopatra ha servido de anécdota para muchas creaciones literarias, de entre las que sobresalen las obras teatrales *Antonio y Cleopatra* (1606-1607) de William Shakespeare. *Todo por amor* (1678) del autor teatral inglés John Dryden y *César y Cleopatra* (1901) del dramaturgo inglés George Bernard Shaw. Pero, empecemos desde el principio, en el siglo I a.C., la historia de esta mujer que fue amante, madre, luchadora y reina, entre las grandes.

M. A.

1

Niña y adolescente

El corto capítulo de la niñez

leopatra VII (c. 69 - 30 a.C.), reina de Egipto (51 - 30 a.C.), fue la séptima y el último miembro de la dinastía Tolemaica. Era hija de Tolomeo XII Auletes, rey de Egipto. La Historia la describe como una criatura bella aunque menuda, escuálida y enigmática, y nos relata que la futura reina, fascinadora de pueblos y de hombres, tuvo una extraña infancia, resonante en ecos de ancestrales glorias remotas, humillaciones en su tiempo presente, crímenes cercanos, crueldades, impaciencias, rebeldías, posesiones, ensueños. Puede decirse que en el nombre de Cleopatra existió una predestinación, pues lo llevaron cinco reinas de la dinastía. Pero nuestra Cleopatra, a los diez años, conoce ya demasiados hechos terribles ocurridos en su familia para confiar en la promesa de un nombre. Sabe que en cinco años han sucedido en el trono trece Tolomeos, que con frecuencia escalaron ese puesto ayudados por el puñal o el veneno. Una negra historia marcada por luchas entre hermanos, príncipes asesinos de sus padres, reinas consortes que 'eliminaban' a sus maridos, los reyes, que eran por añadidura sus hermanos.

Cleopatra nació en un lugar cerca del Mediterráneo,

creció en el gran palacio real de Alejandría en la costa africana. Afuera, hasta donde alcanzaba la vista desde las grandes terrazas palaciegas, estaba la ciudad, la magna metrópoli de la cuenca mediterránea, famosa por su faro, sus palacios de mármol y las academias, sostenidas por los Tolomeos, que rivalizaban en prestigio incluso con Atenas. Ahí, desde muy niña, vio la furia de un pueblo en rebeldía y presenció la bajeza y cobardía de su propio padre, el 'flautista', quien al ver que las cosas no marchaban bien, abandonaría todo y huiría a refugiarse en Roma poniéndose a merced del extranjero —un hombre repugnante este heredero, casi mulato, del trono de los Faraones—. La princesa Cleopatra lo sabe, como sabe que su hermana Berenice, una mujer de color amarillento, quien en ausencia del viejo Auletes ocupa ese mismo trono, es una prostituta. A su lado no se encuentra muy segura la pequeña Cleopatra: observa que se la vigila y se la persigue; averigua que su padre ha ofrecido grandes riquezas a los romanos para que lo devuelvan a su trono...

La princesita ha estado sentada por largo tiempo, en silencio, mirando hacia el mar; ¡cuando reconozca la vela de su padre, habrá terminado su prisión! O tal vez lo hayan matado en Roma o en el mar. Puede ser también que pronto llegue un velero con un romano de traje corto y espada, de rasgos duros y audaces, y destituya a su hermana y le dé su libertad.

"Desde Roma viene todo lo grandioso y todo lo desgraciado —piensa—. ¿Por qué desde Roma? ¿No sale de este puerto, hacia los puertos romanos, en cada primavera, la mitad de la cosecha? Y los más bellos tejidos y las maravillosas amatistas que ocultan el secreto de Dionisio, el dorado ámbar y el incienso, todo ¿no sale de este puerto en grandes veleros hacia Roma, antes que sea pagado? ¿Cómo nos recompensan? Cada dos años el padre ha de sacar de sus tesoros grandes barras de oro y embarcarlas en los barcos que, una vez más, transportan

miles de talentos hacia Roma. Mientras más nos compran, más debemos pagarles. ¿Por qué?

"Una vez más padre está por dos años en la casa de campo de Pompeyo y regatea la suma que ha de pagar para conservar la corona. ¿Quiénes son estos hombres que cada vez exigen y amenazan más? En las monedas se ve bastante plebeyo al enorme Pompeyo. Dicen que César, el otro, es algo mejor, pero de él aun de Alejandro, de una familia de reyes de trescientos años, descendientes de los dioses y sus representantes en la tierra, ¿debemos ir a mendigar a Roma para que toleren nuestros palacios? ¡Allá va otro buque cargado de granos que no pagarán!"

De pronto la princesa reconoce el motivo: ante sus ojos aparece el infeliz rostro de su padre: forma tan despreciable se ha comportado aquí, en la capital; cómo se une a los jugadores; cómo toca la flauta en las calles y hace bailar a sus esclavos al compás. ¿Hay aquí, en la capital, algún niño que no lo llame Auletes, el flautista? ¿Hay alguien que no lo haya sorprendido borracho, tambaleándose por las calles? ¡Cuántas mujeres lo castigaron cuando intentaba pellizcarles los pechos! No había que extrañarse, pues, de que los romanos lo destituyeran, reemplazándolo por Berenice, su hija mayor, que él, bastardo también, engendró con una esclava mulata.

"Envenenar —piensa la princesa—, así como lo han hecho otros Tolomeos. Así como el cuarto Tolomeo envenenó a su hermano y a su hermana. Según su profesor, cada vez que en su familia moría repentinamente un miembro, se debía a una traición. ¡Ella conocía otros medios!

"Un jugador, mi madre y mi rey —continúa pensando la niña—. Una madre desaparecida, que nadie sabe quién fue. ¡Y como hermana y reina, una prostituta! ¿Pueden entonces los esclavos, puede entonces el pueblo creer aún que el rey es el representante terrenal de Amón, el elegido de Ptah, cuando

va vestido de púrpura hacia el templo, con la serpiente real sobre la frente? ¿Pueden aún los sabios alabarlo en sus escritos, después de haber amenazado de muerte a Demetrio, cuya fama y sabiduría son mundiales, porque no se embriagaba con él en la calle?"

Demetrio se presenta ante ella inclinando profundamente su hermosa frente hasta el suelo. Habla el mejor griego de la ciudad y conoce mucho de los dioses y de los elementos, y cuando le da clases con su voz suave, la alumna, incrédula, se pregunta si será cierto lo que enseña el judío: que el alma vale más que la corona.

En ese tiempo Cleopatra se interesaba en aprender todo acerca de la sabiduría de los griegos "para colocarse a la altura de los romanos, que no saben otra cosa que pelear". Toda la sabiduría y toda la belleza tienen su origen en Atenas, le habían dicho aquella mañana los tres maestros que día a día acudían a palacio a satisfacer sus ansias de saber, mayores que todas las ansias de su padre, que las de Berenice y las de sus tres jóvenes hermanos. Después de cien años nuevamente había en palacio una princesa que quería saberlo todo, que captaba al vuelo y asimilaba lo que la gran sala contenía en dibujos y aparatos: mecánica y construcción naval, esqueletos y cuerpos humanos, monedas, muchas monedas, a través de las cuales la niña aprendía la historia, amén de media docena de idiomas del Mediterráneo. Le gustaba colocarse ante la gran carta geográfica, y cuando trazaba con la uña de su dedo índice una línea desde el delta del Nilo hacia el Este, apretando los labios, circunscribía a Siria, Capadocia, Epiro, a veces aun a Brindis, para luego inclinarse, evitando a Italia, regresando hacia su casa, como si quisiera unir a su hogar todo el Mediterráneo oriental. ¡Todas las costas bajo el dominio de Egipto... menos, Roma!

Cleopatra era egipcia sólo en el nombre. Conocía la región del Nilo tan poco como sus padres la conocieron. No practicaba su culto, no vivía entre sus dioses. Para ella el Nilo era un río extraño, desde donde no se podía mirar porque Alejandría no estaba en el Nilo como Menfis; "está en el mar de los griegos". Lo que ella sentía y el idioma en el que soñaba, lo que sabía, valía, sus padres, las construcciones, el ajetreo del puerto con sus cientos de razas e idiomas, todo en aquel entonces, tenía tendencia griega; los mismos bustos de los Tolomeos de las inmensas salas palatinas, aunque no con la clásica nariz de formas atenienses que imitaban en estilo y figura al gran Alejandro Magno que desembarcó aquella vez en la costa desierta para fundar la ciudad que sería el centro del mundo, todo, todo, provenía de los griegos.

Desde las terrazas del palacio de Alejandría se puede ver casi tan lejos como desde el faro, tal vez hasta Chipre, quién sabe si hasta Grecia, ¡hasta Roma! Al atardecer duermen los barcos anclados. Sueñan con sus cargas —vidrio, papiro tal vez—, con sus viajes a través del mar, con el próximo puerto, con las rudas manos que los sostienen por las jarcias; sueñan con su futuro incierto, la gran duda de la tempestad que los aguarda, que los destruye, a ellos a los buques, a los emisarios de una raza a otra, portadores del comercio, de la guerra y del poder. Siempre navegando contra los peligros, pues si permanecen por mucho tiempo en los puertos, se pudren y mueren.

La princesa continúa mirando hacia el mar. No se ha movido de la terraza y sigue con la vista la débil estela de la embarcación que pasa ante ella en ese momento: "Alguna vez iré en uno de esos barcos, rápidos veleros, por la costa de Siria y Capadocia, seguida de seiscientas galeras de tres cubiertas y seguiré por Éfeso y Corinto hasta Atenas. ¡Todas las islas de la gran bahía serán mías! Cubriré con mi sombra a Berenice y seré portadora de la corona de la serpiente real, Afrodita e Isis, y el anillo de mi sello dirá: 'Cleopatra, Séptima Reina de Egipto'. ¡Entonces, sólo Roma estará a mi altura en el mundo, y entonces veremos si los granos de Egipto emigran hacia esos itálicos, y si emigran, veremos si no pagan, si no mandan en cambio oro a Alejandría, en vez de llevárselo; oro y grandes homenajes de esa Roma agobiada a la reina del mundo!".

Lo que Cleopatra sabe de Roma ha sido a través de los filósofos, a través del capitán de los eunucos, y es oscuro y revuelto, así como lo que sabe del pasado de su padre o de la República romana que empieza a declinar.

La jovencita guarda en su memoria lo que ha pasado en los diez años de su joven existencia. Además se enteró que trece años antes de su nacimiento, un Tolomeo había donado Egipto a Roma, pero el Senado no quiso aceptar la herencia: tan grande era el recelo de los demás hacia todos aquellos que pudieran ser llamados a administrar esa rica tierra. ¿No era mucho menos peligroso un rey débil que un procónsul fuerte? Y así fue como entregaron a dos hijos ilegítimos de aquel donante el Egipto y Chipre, confiados en su incapacidad. Mientras más les extrajeran, más débiles quedarían. Cada uno de los tres o cuatro mandatarios romanos esperaba secretamente el día en que llegara a ser tan poderoso como para adueñarse de aquella tierra maravillosa, a la cual Roma solía mantener más en las fábulas que en las cuentas comerciales.

Luego, cada dos años, los poderosos señores romanos sorprendían al rey flautista, para dejarlo escapar de nuevo, extrayendo cada vez más oro de los legendarios tesoros de los Tolomeos, hasta que por fin, y a manera de premio, lo hicieron reconocer por el pueblo y el Senado romanos.

Cleopatra, de diez años, recibe esta noticia con sorpresa. Como se dijo al principio, existieron muchos sucesos sangrientos en la historia de su familia. En 250 años se sucedieron trece Tolomeos, manejados o perseguidos por sus mujeres o sus hijos —los faraones, sus antepasados—. Veneno y puñal aparecían en los destinos de sus parientes: hermanos que se arrancaban la vida unos a otros, príncipes que asesinaban a sus padres, reinas que mataban a sus maridos, los cuales eran a la vez sus hermanos: todo por el poder, todo por una vida titilante, muchas veces por no ser eliminados ellos mismos. ¡Por su propia mano no había muerto aún nadie! Pero un tardío heredero levantaba esta vergüenza de una raza decadente, con un signo de altivez. De una dinastía moribunda se alzaba un heredero de los griegos exaltados por la leyenda y cuyos versos encontraban eco en la acción del rey destronado al tomar la copa de veneno.

Cleopatra ha visto llegar a los romanos caer las murallas de la ciudad, rendirse los soldados. Tolomeo Auletes, ayudado por Roma, vuelve a ocupar el trono de los Faraones... Y Cleopatra ve rodar sobre las losas la cabeza de su hermana Berenice, decapitada por orden de su propio padre. El hecho no parece conmoverla demasiado; es algo, después de todo, que la acerca a ese poder por el que luchan, desde que nacen, todos los Tolomeos, hombres y mujeres en cualquier momento histórico; además, ¿qué importa un nuevo horror entre tantos horrores?

Roma la grande

Corría el año 59 a.C., contando desde la fundación de la ciudad; el cónsul era Julio César. Pero no era aún tan poderoso que pudiera impedir que otro poderoso, Clodio, su enemigo y rival, descontento por un asunto, destituyera al rey de Chipre, hermano del de Egipto. Se confiscó su tesoro y se hizo de Chipre una provincia romana, mientras el rey de Egipto fingía total demencia. Aún más, procuraba ahora exprimir de su pueblo treinta millones de francos oro para pagar al partido de César en Roma, sin tocar el tesoro de la casa.

Cuando los poderosos de la ciudad, los sacerdotes y los jóvenes, los campesinos y los empleados de la corte, se dieron cabal cuenta de lo despreciable que era su rey, estalla una revuelta en Alejandría. El viejo Auletes huye a

Roma, y Berenice, la mayor de las hijas, es elevada a reina por sus partidarios. El antiguo rey de Chipre toma veneno y muere.

La princesita estaba impresionada. De la misma manera como despreciaba a su padre, que había de mendigar su trono cada lustro, debía honrar a su heroico tío. Entonces era cierto lo que decían los filósofos: "había algo más que el trono y la corona". Cleopatra había aprendido, a los diez años, que el orgullo de un rey era más importante que su poder. Esta gran experiencia se grabó en lo más profundo de su ser. Una humillación como la de su padre era indigna; el veneno era una rápida y segura solución.

Ella, con su fuerza juvenil, estaba resuelta a dominar la servidumbre en que se mantenía su hermana. ¿Sería feliz Berenice? —se preguntaba—. El primer hombre que durmió con ella, tal vez un primo que se le escogió para llamarlo rey y para que le procurara hijos, era tan depravado que la voluntad de palacio lo mandó asesinar. El segundo era algo mejor, pero ¿era un aventurero o era, en realidad, un hijo del rey de los persas, como él sostenía? ¿Y quiénes eran estos persas que vagaban con calzones cortos, que cabalgaban bien, pero que nada entendían del alma griega ni de las finezas de la vida? ¿Y se sentía libre él o estaba manejado por los eunucos de palacio? ¿Viviría, siquiera, un día sin miedo a Roma? La poderosa Roma, la provocadora, estaba allá en el Norte, y cualquier día podía venir, matarlos, robarlos y destruirlo todo.

Cleopatra pensaba que el camino de su padre había sido vergonzoso, pero comprendía que como no se podía gobernar sin Roma, había que avenirse con ella. Esto también lo sabían los alejandrinos y la pareja real. Por eso agregaron a la comitiva del rey destronado cien burgueses respetables para procurar una alianza con su partido. Pasaron varios meses sin tener noticias de la embajada y en palacio sólo la princesa confiaba en el fracaso, porque si su padre triunfaba en Roma, ella estimaría esfumado su sueño imperial.

Cuando, después de un invierno sin buques, se presenta ante el faro de Alejandría el primer velero, la ciudad se entera de la gran noticia: Tolomeo XII Auletes ha hecho matar a todos los embajadores, uno por uno. Pero la princesa tiene su propio ámbito y logra saber otras cosas que los demás desconocen: su padre ha ofrecido 6,000 talentos de su tesoro si se le repone en su trono. Roma estaba empobrecida después de que perdió la guerra contra los persas. César y Craso, Craso y Pompeyo intrigan entre sí para ver quién podría hacerse cargo de Egipto y del tesoro de los Tolomeos, y ser, con ello, superior a sus rivales. Todo depende de quien reciba lo que pague el padre, para salir de Roma, no como sometido, sino como aliado y compañero.

Las últimas noticias que llegan de Roma dicen que César ha vuelto de Galia, y que por medio de la "Ley Julia" ha hecho al rey flautista "aliado y amigo del pueblo romano". Pero, a la vez, hábiles amigos han comprometido al aliado con prestamistas romanos en deudas por millones, para que al fin, no pudiendo pagar, termine sometiéndose. De pronto se forma alrededor de la pequeña princesa oprimida un círculo que propicia una nueva caída y Auletes toma medidas secretas para que no se la persiga y vigile. Pero mientras el hábil y cobarde Tolomeo mendiga en Roma su trono, la silenciosa hermana de la reina estudia cómo utilizar a los romanos en la subida hacia él.

Así, pues, un buen día todo este asunto madura. Uno de los capitanes romanos de Siria, cuyas cohortes no pueden ser pagadas, se moviliza para exigir los 12,000 talentos, que es el precio que ha ofrecido Auletes por su trono. Marchan unos dos mil soldados a través del desierto, desde Gaza hasta Pelusio en la parte oriental del delta, por donde, hace más de trescientos años antes, muchos capitanes persas, asirios y hebreos habían llevado sus huestes.

Finalmente llegó la solución, aunque mediante los "odiados romanos". El corazón de la princesa saltaba cuando a veces se ocultaba de su hermana y cuando los nuevos partidos la solicitaban. Luego se escucha en Alejandría el ruido de los combatientes que se aproximan; las torres de la ciudad caen deshechas, los hombres huyen, se esconden o se rinden. Ahora ve la pequeña princesa la deplorable cara de su padre, que ha recuperado trono y hogar debido a legiones extranjeras; ve el cadáver del joven rey, la humillación de los poderosos y de los sacerdotes y la actitud medrosa de los versátiles alejandrinos cuando rendían servidumbre al odiado rey de antes, y al de ahora. Por fin vio, además, la cabeza de la odiada hermana rodar por la arena, ajusticiada por su padre. ¡Era indispensable para su futuro poder! No había ya nadie entre ella y el poder, sino un delincuente agotado, a quien debía llamar *padre*. Para ella fue un día de triunfo aquel en que su hermana fue decapitada.

Más tarde la joven princesa se dedica a estudiar en detalle a los soldados extranjeros. Observa con detenimiento caras germánicas, rubias y escuálidas, hombres que no responden en ningún idioma, pequeños asiáticos de mirada salvaje, judíos de grandes ojos, bizantinos de frentes estrechas; tan heterogéneo parecía a sus ojos el ejército de Roma en África. Los peores, no los mejores romanos, fueron los que vio la princesa; aquellos romanos a los que tanto temía Roma misma, y su miedo empezó a desvanecerse.

No obstante, a la vez, creció su admiración. Un capitán de caballería, el mismo que tomó a Pelusio y que dirigió la lucha en la capital, se sentó al lado de su padre en la comida de palacio. Admirado como comandante, parecía sobreponerse a todo. ¡Así era su romano, un hombre verdadero! Con la amplia túnica color aceituna muy abajo, medio tendido, estaba ahí, con su hercúlea cabeza inclinada, con su pequeña barba. El capitán de caballería no advierte la inquietud de la joven princesa. Cleopatra tenía catorce años y él veintisiete cuando se encontraron por primera vez en esta solemne fiesta palaciega. Se volverían a encontrar catorce años más tarde.

La joven reina de Egipto

Al paso del tiempo, justamente tres años más tarde, Cleopatra ya era reina. "Su belleza —afima Plutarco—, sin ser incomparable ni impresionar a primera vista a los que se acercaban a ella —añade—, era inferior a la de Octavia, quien sería más tarde esposa de Marco Antonio". Pero reconocía en Cleopatra —y nadie ha podido desmentirlo en el transcurso de los siglos— una rara fascinación y un irresistible poder de atracción. "Era maravilloso oírla y contemplarla, —dice Dión Casio— y capaz de ganarse los corazones más refractarios al amor, y hasta los que la vejez enfrió".

Recibió a Egipto en estado de disolución. Aun en los últimos años, el rey flautista había vivido de tranzas y embrollos. Un ministro de economía, romano, lo había embargado todo *de facto*, y cuando se le quiso expulsar, Roma resolvió por fin que el reino de Egipto debía ser anexionado definitivamente, así como casi todo el resto de la costa mediterránea.

En aquel entonces el propósito se habría consumado si no hubiera sido destruido totalmente el ejército de Craso en la campaña de Persia. Gracias a esto, el país se libró del sometimiento, si bien era un río revuelto, pues los dos hermanos, Cleopatra y Tolomeo XIII, se hallaban inmersos en una lucha fraticida por el poder: el trono de su padre, el rey Tolomeo Auletes, quien en términos solemnes designó al pueblo romano como ejecutor testamentario de su última voluntad que era la de entregar el dominio del país a su hija Cleopatra, de diecisiete años de edad y a su hermano Tolomeo de diez, dividiendo el poder entre los dos hermanos, y que como marcaban las tradiciones faraónicas, se habían casado entre sí. Con esto reducían las posibilidades de intrigar en palacio de parte de los que se agrupaban alrededor de sus otros hijos: Arsínoe, una jovencita de trece años, y otro Tolomeo menor. ¿Cuál de los cuatro dominaría a los demás? ¿Cuáles serían expulsados o asesinados? ¿Qué partido realizaría con éxito sus proyectos? Como a un dios, pedía el pueblo de Egipto paz y orden al Senado Romano y a Roma, que tarde o temprano ocuparía a Egipto y lo colocaría bajo el dominio imperial.

Se desconoce lo que pasó entre los diecisiete y los veintiún años de la vida de la reina de Egipto, formando el único vacío en su historia. Y, sin embargo, sucedió nada menos que su derrocamiento y el esfuerzo por recuperar su trono perdido. Los sentimientos provocados por la regencia se desprenden de las notas dadas por un antiguo historiador:

"En los primeros tiempos de su reinado, un procónsul romano de Siria envió a su hijo a Alejandría para retirar las tropas de ocupación que permanecían allí desde el tiempo de Antonio (Marco Antonio); el enviado encontró, en lugar de cuerpos organizados, hordas desordenadas, formadas por germanos y celtas que se habían instalado con sus mujeres egipcias y que no manifestaron el menor interés en hacerse matar en las próximas campañas de Persia. En lugar de ello, asesinaron al hijo del procónsul y expulsaron a sus acompañantes. ¿Qué hizo la reina? ¿No debía ver con satisfacción que estos súbditos revocaran en forma tan efectiva la orden del orgulloso romano? Cleopatra no era una reina que se guiara por sus sentimientos, e hizo apresar a los asesinos enviándoselos, encadenados, al procónsul, a Siria. Pero, el poderoso romano no vivía ni obraba tampoco según sus sentimientos; en vez de vengarse en los asesinos de su hijo, los devolvió a Egipto, haciendo saber a la reina que sólo el Senado o sus elegidos tenían el derecho de apresar a los soldados romanos. Una importante lección para Cleopatra.

Más tarde llegó otro barco romano. De él descendió Cneo Pompeyo, hijo del dictador, para hacerse cargo de las mismas tropas y ponerse al servicio de su padre. Esta vez las hordas están dispuestas: ¡deben luchar bajo la bandera del general más grande de su época y precisamente contra Julio César! En esta lucha por el poder a la reina le parece que la suerte está de lado de Pompeyo. Cleopatra los escucha, los deja marchar y pone a su disposición cincuenta barcos tripulados para que se los lleven. Pompeyo ha sido hábil mandando, como embajador a su joven y guapo hijo. ¡Si triunfa el padre, ha hecho ella un estimable servicio a la causa!

Muy poco y de manera muy vaga le había hablado el rey Tolomeo Auletes a su hija del César. Las leyendas sobre Julio César que cruzaban el mar eran más apasionantes que las de Pompeyo; pero Cleopatra no había visto nunca una moneda con su efigie, mientras que todas mostraban la belleza de un rejuvenecido Pompeyo. Si esto no fue premeditado, fue una feliz casualidad, porque la joven no veía en los dos generales en lucha sino a dos señores de edad madura en sangrienta competencia.

La visita del joven guerrero fue un pretexto para las murmuraciones en palacio: ella entregaba, aliada a los romanos, la flota de Egipto. Pero Tolomeo XIII tenía sólo catorce años, y su vida, la cual había sido desarrollada entre la sobreprotección de los súbditos de su padre, le había dejado poco criterio para poder manejar un reino. Gobernaba bajo el consejo de sus ministros, quienes sabiendo la capacidad de su esposa y hermana, le aconsejaron que la enviara lejos, pues de otra manera los habría dejado cruzados de brazos.

Nadie supo decir qué fue lo que sucedió. Se sabe solamente que un día, a los 20 años de edad, la reina tuvo que huir de manera súbita. ¿Roma? No hay que olvidar que el Senado y el pueblo romanos eran garantía del cumplimiento de la última voluntad del rey flautista. Pero la reina Cleopatra, que no obedecía a sus sentimientos cuando se trataba de sus intereses, no era capaz de luchar por sus intereses cuando estuvieran en pugna sus sentimientos. Ella huyó hacia el Mar Rojo acompañada de pocos soldados. Allá vivían árabes y otras tribus, cuyas costumbres e idiomas había estudiado. Ahí reunió por su propio esfuerzo un ejército, resuelta a oponerlo a su hermano y a los partidarios de éste. Conocía la incapacidad de sus soldados y la volubilidad del aquel general, Aquiles, que tenía el poder en la capital. Y como una nueva amazona avanzó con sus tropas hacia Pelusio, recorrió un trozo del Nilo y atravesó una parte del desierto. Allí fue Aquiles en su busca. Allí, en el confín oriental del reino, una batalla decidiría el dominio del trono.

En aquella época, sin embargo, el mundo no miraba hacia el Nilo, veía hacia Grecia, pues en esta tierra se encontraban frente a frente dos poderosos capitanes con sus respectivos ejércitos para luchar por un premio mayor que el trono de Egipto. Se trataba de los dos militares más grandes e importantes de la época que luchaban por el dominio del mundo; no existía una tercera potencia. Mientras los hermanos Tolomeo se preparaban para enfrentar su propia lucha y se espiaban mutuamente en el delta del Nilo, César derrotó a Pompeyo en Farsalia. Lo aniquiló totalmente. La noticia voló a lo largo del Mediterráneo haciendo temblar a todo el mundo, pues Pompeyo fue siempre estimado como el dominador invencible. Llegó hasta el Nilo. Los dos hermanos se asustaron y esperaron. Tras la primera noticia llegó una segunda todavía más increíble, que fue conocida en primer lugar por el Gobierno legítimo. El poderoso romano derrotado, que un par de años antes era capaz de poner y quitar al rey de Egipto, llegaba como un vencido vagabundo a buscar refugio, asilo y ayuda, con los restos de su brillante ejército, unos dos mil hombres, junto al hijo del rey flautista, el de Egipto. Un mes después de aquella fatídica batalla, Pompeyo llegó a tierra egipcia. Al principio pensó en bajar, pero un Consejo de guerra de los dioses y de los hombres habían resuelto otra cosa. Potino, el eunuco que dirigía el movimiento en contra de Cleopatra, decidió asesinar de inmediato al derrotado romano, con lo que se aliaba al nuevo señor, a César, y evitaba ver luchar ejércitos extranjeros en su patria. Junto a la costa le salió al encuentro.

Dice la historia que a Pompeyo se le advirtió que la playa era inadecuada para desembarcar, pues en ese lugar había rocas y fuertes marejadas. Cornelia, la mujer del general romano, influida por presentimientos, trata de impedir que éste descienda de la embarcación. Pero Pompeyo ve la playa repleta de soldados romanos y aborda la pequeña barca a pesar de las dificultades que tiene que sortear pues las olas son altas y él ya tiene sesenta años. Al descender lo apuñalan por la espalda. Su mujer, que desde la galera no lo ha perdido de vista, ve cómo le cortan la cabeza y huye. Los asesinos conservan la cabeza y el anillo; el cuerpo es arrojado al mar.

Tres días después, el enemigo vencedor de Pompeyo, Julio César, llega a Alejandría. Exige, mediante mensajeros, que la pareja real en desacuerdo se presente ante su tienda de campaña. Ha llegado para imponer el orden en Egipto.

Julio César

En Alejandría pasó Julio César días de angustia. El pesar por la muerte de Pompeyo lo llenaba por dentro, de alguna manera sentía remordimiento por la suerte de su rival y, además, condenaba la acción de los asesinos. El rey Tolomeo XIV aún mantenía en sus prisiones a los parientes de Pompeyo, así que César se propuso liberarlos para después colmarlos de beneficios. Sentía que de esta manera podría resarcirlos del daño que habían sufrido y él lograría calmar a su conciencia.

Así, pues, el general romano se dispuso a dejar arreglado el problema del poder en Egipto, por lo que convocó a Tolomeo para que expusiera su caso, pero Cleopatra, que no se encontraba allí, no podría defenderse. Además de que le estaba prohibido presentarse en el palacio real de Alejandría.

Cleopatra era una mujer sumamente inteligente y bella, por lo que ideó una forma de llegar hasta Julio César sin ser detenida por los guardias de su hermano. Dispuso que se extendiera frente a ella una bella alfombra, y tras haberse maquillado como la ocasión lo ameritaba, se tendió sobre ésta y ordenó que fuera enrollada cuidadosamente. Apolodoro, un siciliano de confianza, la condujo a través de mil peligros hasta palacio y fue llevada ante Julio César, quien al descubrir lo que la alfombra guardaba dentro quedó maravillado.

Por otra parte, Julio César no era un hombre fácil de deslumbrar con bellezas femeninas exóticas aun cuando tenía fama de mujeriego, pero aquella visión debió de cautivarlo profundamente porque Cleopatra lo había hechizado desde el primer instante en que la vio. Además, el cambio de panorama debió ser muy agradable ya que llevaba viendo a sus soldados demasiado tiempo.

No siéndole grato el nuevo rey, Tolomeo XIII, era lógico que César mirase a Cleopatra como la persona idónea para sentarse en el trono de Egipto. Y precisamente en esa calurosa noche del octubre alejandrino, salida como por arte de magia de la alfombra de un siervo, estaba ante César la maravillosa joven de veinte años: "Los rasgos de su rostro, aunque ofrecían un aspecto general de rara perfección, eran acentuados: nariz aguileña y gruesa, con ventanas nerviosas y aristocráticas, boca exquisita con labios de forma perfecta; ojos grandes y bien proporcionados y cejas bien trazadas. Estos duros rasgos quedaban suavizados por la espléndida curvatura de las mejillas y del mentón" —la describe Plutarco.

El hecho de que Cleopatra hubiese desafiado a los sicarios de su hermano, regiamente segura de sí misma, protegida únicamente por la sonrisa y astucia de Ulises de Polidoro, para venir a defender personalmente su causa ante el árbitro romano, no fue por cierto el último rasgo suyo que impresionó a César. Cleopatra se impuso pronto por su audacia ingeniosa —dice la misma referencia—, descontando el primer encuentro de ambos. La obra de seducción fue recíproca y dirigida más a la cabeza que a los sentidos. Cleopatra vio en César al que le entregaba una corona, y César en Cleopatra el medio incruento y más apetecible para imponer su mito incluso en Egipto, antesala de Oriente. El romano inigualable, sin fallas (" ¡Conciudadanos, escondan a sus mujeres que César vuelve!" —cantaban sus legionarios), un intelectual deportista acostumbrado a disimular sus cincuenta años con revisiones periódicas; tres o cuatro veces casado pero siempre sin hijos; su vida amorosa siempre atendida; esmerado en el vestir hasta el refinamiento, un otoñal, un calvo con todas las de la ley, Julio César tenía toda la cancha del mundo para imponerse, incluso, a una menor oriental.

"¡Qué hombre más misterioso!" —piensa Cleopatra—. Es alto, seguramente; dicen también que tiene la piel muy blanca, como ella; que se lava muy a menudo, aun en las batallas, que es ágil y elegante. Cuentan que en sus campañas tiene lavatorio de mármol y piso de mosaico; que vive en todas partes elegantemente, a pesar de lo cual es amado por el bajo pueblo y no se diga por sus soldados. Mientras que las últimas matronas romanas de la alta escuela previenen a sus hijas contra su seducción, él se hace rodear por jóvenes hermosos y dicen que ha pagado tanto por bellos y altos esclavos, que no se atreve a anotarlo en sus libros de cuentas.

Cuando Cleopatra contempló al general frente a sí olvidó toda su sabiduría de seducción, cultivada secretamente. Ni un gesto ni una postura de las que pensó en el viaje del bote (dentro de la alfombra), pudo realizar. Olvidó hasta que su peinado se había deshecho: tan grande fue su admiración. En verdad, él tenía pocos cabellos, pero desvió de ellos la mirada. En cambio, sus movimientos eran seguros y ágiles; la mirada de sus negros ojos era enérgica; la boca, fina y fuerte, sus pómulos quemados por el sol y, además, un cuello que parecía orgulloso de sostener la cabeza. Todo parecía atrayente en aquel hombre: su fortaleza, la hermosura de su cuerpo, la larga y fina mano que le ofreció, su mirada inquisidora e imperativa, el suave olor de su cuidada piel, y cuando se sentaron uno junto al otro, cuando dieron descanso a las miradas investigadoras, ambos sonrieron: Cleopatra, entre inquieta y audaz; César, vencedor. A la vez ambos se admiraron mutuamente de la belleza de sus dientes.

Cuando a la mañana siguiente Julio César hizo llamar al joven rey, traía éste en el cabello su diadema. Juró en contra de su hermana y renegó de ella, que sonreía burlonamente desde las sombras de la enorme sala. Todo lo había preparado Potino, pues al término de aquella larga noche sabía ya todo el palacio, sabía ya hasta el último mozo del puerto lo que había sucedido, y quién sabe si aún más de lo que había sido en realidad. El joven rey, eternamente rechazado por su esposa mientras vivieron juntos en palacio, mostró su indignación, arrojando, finalmente, la diadema al suelo con movimientos desesperados, y salió furioso de la sala.

Todavía sonreían en su aposento César y Cleopatra, cuando sintieron la voz de los agitadores, que excitaban al pueblo que gritaba para demostrar sus sentimientos de indignación. César se hace armar, sale a la ventana e invita al pueblo para el día siguiente en el gimnasio. Cleopatra escucha su voz y admira el tono sereno de sus palabras. El romano ordena vigilar sus habitaciones, traer al rey Tolomeo y llamar a Potino.

Por la tarde, él la invitó sólo a ella a su mesa; lo encuentra galante y jovial y le dice de pasada que al día siguiente leerá el testamento de su padre para reponer en seguida a los hermanos en el trono; y para que no haya nuevas inquietudes ni se creen nuevos partidos dentro del palacio, devolverá Chipre a los dos menores para demostrar a Egipto la amistad de Roma mediante esa ofrenda. Eso es todo, y luego vuelve a la admiración por su traje de seda.

Así, pues, César se propone restituir a Cleopatra en sus derechos reales ante la corte, y devolver a Tolomeo XIII a sus partidarios. De este modo, se busca una coartada para eliminar con elegancia y en la primera oportunidad al joven rey. Sin embargo, tiene que enfrentar una guerra pues los ministros de Tolomeo están en desacuerdo por su intervención en los asuntos egipcios, por lo cual, haciendo uso del ejército, lo copan en el palacio real. Julio César se ve forzado a huir por las calles de Alejandría en medio de ataques de los que logra salir bien librado, pero la situación se torna más preocupante cuando todo el pueblo, cerca de 500,000 habitantes, se levantan contra él. Se había hecho acompañar de apenas 6,000 soldados, mas aun así, después de una encarnizada lucha, logra tomar el islote de Faro, lugar desde donde le es posible solicitar el envío de refuerzos por vía marítima, y sólo después de que éstos arriban, el general puede sentirse aliviado. La lucha se prolongaría por más de cuatro meses y se dice que durante estas batallas fue cuando se incendió la famosa biblioteca de Alejandría —cuatrocientas mil obras— pero esto no es un hecho comprobado.

César está en todas partes. Va a la lucha en los veleros, en el puerto exterior. Está sobre una galera y dirige la batalla. La galera es alcanzada y todos huyen a los botes. César cae y se hunde; después nada para llegar hasta otra galera. Ha tomado con los dientes el manto color púrpura llevando en la mano izquierda algunos escritos que quiere salvar, nada hasta que alcanza un bote que le facilita su huída hasta el palacio real. Cuatrocientos de sus hombres se han ahogado. La batalla está perdida.

Por otra parte, los pompeyanos, repuestos del susto, sabiendo a César en graves conflictos, se reúnen alrededor del hijo de su jefe para iniciar la venganza. En lugar de haber deshecho a los últimos rivales después de la victoria, el gran dictador tiene combates en las calles, en los canales, en el mar y en el delta, con enemigos que se creó él mismo, combates que no deseaba, pero que no puede despreciar.

De repente, una mañana, Arsínoe desaparece. Arsínoe, la hermana menor, destinada a ser la reina de Chipre, se ha fugado con su profesor y amante Ganímedes, ha ido al campamento contrario y ha matado a Aquilas. Vienen negociaciones, deseadas por ambos partidos, a fin de ganar tiempo. Las últimas noticias informan de ayudas de persas y judíos. Finalmente los romanos triunfan ya en los canales del Nilo, en la bahía de la desembocadura, en todos los ángulos fangosos del delta; nuevos buques, con luces apagadas para engañar al enemigo, atracan en lugares ocultos. En esa parte que no es río ni mar, se pelea por días en una lucha sangrienta que hunde el cansado poder de los egipcios al golpe de las espadas y de los remos del pueblo juvenil. El pequeño rey, Tolomeo XIII, se agiganta en los últimos momentos como un héroe para ahogarse en el Nilo, agobiado por su equipo de oro. Arsínoe vuelve prisionera a palacio. Los demás consejeros son ejecutados.

César une en matrimonio a Cleopatra y a su hermano Tolomeo XIV, y se retira dejando a los nuevos reyes seguros en el trono. Por segunda vez entra César en Alejandría: ahora los burgueses, en traje de duelo, se postran ante sus águilas y sus lictores. La guerra ha terminado después de todo un invierno de lucha. La primavera ha llegado.

Cleopatra y César

Hasta aquel invierno César y Cleopatra no se conocieron el uno al otro. Que ella vivió con él, lo ha dicho él mismo a la posteridad; está en su *Bellum Alesandrinum*: César restableció a la reina Cleopatra porque le fue leal y siempre permaneció en su cuartel general. Con frías palabras, como parte de un informe al Senado, al pueblo y a la historia, en el cual el autor eterniza al General, se halla la primera parte de un romance del cual ha de nacer un nuevo mundo.

César sabía mucho de mujeres: la bella Cornelia, llamada el único amor de su juventud, encontrada a los diecisiete años y perdida a los veintidós; la juvenil Pompeya, nieta de Sila, la misma que lo engañó con Clodio; la insaciable Servilia, que exprimió sus fuerzas hasta las fronteras del agotamiento; la aristocrática Calpurnia, con quien compartió casa y honor por una década; de vez en cuando, mujeres de senadores, princesas extranjeras, prostitutas de campamento, según la oportunidad o según el deseo. Una lo había excitado con sus artes o su sensualidad, la otra con su buen humor, esta otra con su valor. Había cambiado tanto de mujeres porque su temperamento lo llevaba al sueño de jovenzuelo como amante. Cleopatra parecía unir, a la fuerza de su sexo, todas las divergencias espirituales. Tan valiente como inteligente, a la vez audaz y agresiva, segura en cada nuevo plan y sin involucrar sentimientos; lista para la lucha y el peligro, y sin embargo, tan distinta entre el día y la noche como si no fuera la misma, como si hubiese cambiado de

Cayo Julio César restauró a Cleopatra en el trono de Egipto y tuvo de ella un hijo llamado Cesarión

sexo al dejar su casco y su caballo. Después de pocos días de guerra, el General ya estaba acostumbrado a buscar la voz de ella como si fuera la de un heroico hijo; después de algunas semanas, era su ayudante, su ministro, su juez, su espía, incluso su consejero y general.

Si llegaban días tranquilos, la encontraba como una castellana que manejaba en forma maestra sus cien esclavos lo mismo que mandaba al millón de súbditos que sumaba la ciudad. Él miraba desde lejos cómo decidía, cómo mandaba, rápidamente, justamente, tanto como sus deseos de venganza se lo permitían, incansable, dispuesta siempre a todo lo que significara provecho y afianzamiento de su omnímodo reinado. Su juvenil amante se había convertido en una rígida reina, fría como la mujer de un faraón.

Pero en las noches no era ni lo uno ni lo otro. Ella sabía disponer, con un par de bujías y algunos cojines, una tienda para convertirla en el templo del olvido, siempre corrigiendo con mano propia los arreglos de los esclavos inexpertos. Con rápido instinto había comprendido su cuerpo, conoció sus costumbres y manías y atendía sus menores deseos. En la noche estaba alerta a cualquier requerimiento, golpe o rito, pues en las semanas difíciles ni siquiera doscientos pasos los separaba.

Esto era lo que los unía; el diario peligro pensando en el poder que allí y en Roma protegía a ambos. Un destino amenazador, sólo capaz de ser corregido con un incomparable valor y que, a pesar de todo, quién sabe si los hundiría en un pozo profundo; atisbando incansablemente al enemigo o la ayuda salvadora; avivando la antorcha de la vida cuya luz nunca estaba tranquila, y que a punto de extinguirse brillaba de nuevo con doble energía. Era la respiración de la guerra la que hacía oscilar la llama vital del más grande General junto a la más admirable mujer de su época, de tal forma que el hombre, en el umbral del ocaso de su vida, no había jamás vivido, ni la joven mujer jamás volvería a vivir.

En cuanto a los reinos que dominaba Roma y sobre la manera de unir a sus jefes, Julio César se percataba de cómo empezaba a realizarse en aquella ciudad el sueño de Alejandro Magno, y ante tal posibilidad hacía él una pausa nerviosa en unión con la admirable juventud de la reina de Egipto. Sin decirlo, ella comprendía lo que pasaba en él y unía nuevamente con ansiosa fantasía los lazos que la amarraban a Roma, a veces con desconfianza, a veces con odio; pero siempre y en forma instintiva era llevada su imaginación hacia allá, hasta que del sueño de amor de dos seres, amos de la vida, surgió la idea de un nuevo reino mundial. Cuando terminó el invierno, Cleopatra le dijo que tendrían un hijo, César escuchó extasiado, pero sonrió con nerviosismo y le preguntó cómo conocía el sexo de la criatura. Ella lo miró seriamente y se lo repitió con seguridad y energía.

Al finalizar la guerra César la había repuesto como reina para hacerla gobernar en común con su hermano menor, un niño sin ninguna cualidad que fue nombrado a la vez, y según la costumbre faraónica, su esposo. Arsínoe era la prisionera de César, perseguida por todo el odio de Cleopatra, pues se había atrevido a imaginarse que podía ser reina en su lugar. Los millones de oro estaban listos. Egipto quedó independiente y aliado de Roma, a pesar de los deseos del dictador de hacerla provincia romana, cumpliéndose con ello el sueño de los egipcios más orgullosos, porque del amor del dictador romano y de la reina de Egipto nacería un hijo.

Luego, libre del invierno el mar, llegaron los buques con nuevas noticias. El mundo esperaba a César. Roma e Italia, Atenas y las islas, todas las ciudades del Mediterráneo deseaban su regreso o lo temían. La silla curul estaba vacía desde la huida de los pompeyanos; el Senado estaba desmantelado, cientos de empleados y senadores se habían refugiado en casas de amigos o habían huido a la orilla del mar. Parecía que la última seguridad había desaparecido de Italia, pues nadie sabía quién tenía el poder en sus manos o cuál era el deseo del que lo conquistara. No se sabía si Roma era una República y se esperaba a Julio César para que definiera los nuevos poderes. Marco Antonio, su representante, trataba de mantener el orden pero no contaba con suficiente credibilidad. Además, los ricos por una parte y los aristócratas por otra, parecían lo bastante fuertes para aprovechar la fragmentación del partido popular de César, mientras durara su ausencia.

Pero César se encontraba lejos, en un palacio extranjero; ante él se hallaba un mensajero con una carta que contenía los últimos acontecimientos: Antonio y Dolabella, su representante y su más fiel empleado, se habían peleado en el Foro, porque uno le había robado al otro su mujer; en toda Italia se levantaban sus estatuas, pero a la vez, el hijo de Pompeyo, con Catón, el hermano de una de sus antiguas amantes, preparaban su venganza contra Farsalia; y miles de merodeantes soldados de César se les unían cansados de esperar los sueldos atrasados y los pedazos de tierra prometidos, ya que el que los ofreció y los debía, parecía haber desaparecido. El mundo estaba sin jefe. En el cenit de su fama universal, inmediatamente después de la victoria de Farsalia, el poderoso César perdía su tiempo a orillas del mar extranjero; con una sola legión podía fácilmente haber sido derrotado y muerto, quedando de él sólo el torso de su fama. Se había quedado por inquietud y curiosidad, al principio, y luego por necesidad, a la vez que por amor. César estaba resuelto a conocer al hijo esperado con sus propios ojos, antes de dejar la costa extranjera. Cleopatra, mujer inteligente, había encontrado un medio para que no se cansara junto a ella en los tres meses que faltaban. Armó un buque e invitó al General a pasear por el Nilo con ella.

El *Talameyos* parecía un castillo flotante; era un hermoso yate que ningún faraón antes había poseído. En la egipcia sala de banquetes, con sus incrustaciones de ciprés y cedro, se imitaba las primitivas barcas de la corriente más antigua del mundo. Lo demás, de acuerdo con el gusto de la reina, estaba elaborado al estilo griego, así como, según la costumbre de algunas tribus griegas, tenía pocos días de fiesta al estilo faraónico; Cleopatra y Julio César estaban en una especie de capilla de mosaico, y en las paredes de su dormitorio había frisos con escenas de la *Ilíada* que excitaban a nuevas aventuras a los héroes antiguos. Lujosas cubiertas para todas las horas del día y un sistema completo de toldos de lino resguardaban del sol a los viajeros en el pequeño jardín, cuya tierra ardía cada día más sin las lluvias de la primavera. Esclavos y bailarinas, comediantes y artistas trágicos, los más expertos cocineros y los más caprichosos instrumentos, acompañaban en barcos más pequeños al palacio flotante. La reina había llevado todo lo que podía elevar o apaciguar los sentimientos, los placeres y los sentidos para animar sus horas de paz y sus fiestas.

Hacía veinte años que César no disfrutaba de horas de paz. Éste era un triunfo. El instinto y la habilidad de ella le hicieron encontrar medios para animar aquel espíritu eternamente en lucha, lejos de las costumbres e intereses normales de su vida, hasta el punto que pudo tolerar la paz por algunos meses. A la vez alimentó aquel espíritu mediante sabios y eruditos que acompañaban al buque y que explicaron el Egipto al gran romano. El veterano Julio César no podía tolerar ni por tres días la cómoda pereza que acompañó sus años de juventud; un día sin tener algo que mandar no pertenecía a su vida. En cuatrocientos botes del Nilo, les seguían algunos miles de legionarios. No pensaba atacar a nadie ni conquistar nada; pero sabía que podían presentarse sorpresas en los cerros del desierto arábigo para apoderarse de aquel extraordinario viajero del Nilo. La seguridad en el Nilo era infinitamente menor que mil años antes, cuando Tebas gobernaba. César pudo contemplar la historia de Egipto en su viaje, desde la moderna Alejandría hasta la frontera de Nubia así como la legendaria corriente, y observó cómo sus subidas y descensos, su anchura y su estrechez y la variante altura de sus orillas eran el origen del grano, cuyas contribuciones y ventas constituían la riqueza del país.

Dicen que cuando se encontraba en la proa del buque, sus ojos reconocían la indudable negligencia de un empleado encargado del aseo de un canal, aun cuando sabía ocultar ante la reina del país la indignación que este hecho le producía, mientras ella, con un juramento de soldado, destituía al deficiente capitán. Muy al norte, hasta en Bretaña, César había construido muchos puentes y esclusas sin que hubiera para él ya misterio en las cosas relacionadas con compuertas, tornillos y ruedas hidráulicas. Ningún país de la tierra dependía tanto del espíritu y voluntad de sus reyes como esta tierra seca. Ramsés y José hubieron de pulir y ejercitar su inteligencia constructiva en estos problemas, como César debió también hacerlo. Ése era el momento para comprobarlo: Al pie de las pirámides vio desembocar el camino por donde regresó Alejandro Magno del santuario de Amón hasta el Nilo, se sintió dentro del círculo de cuatro mil años, viendo que cerca de él estaba Alejandro. Al subir por el Nilo, la mágica influencia de aquellos siglos, en vez de reducirse al dejar la ciudad, crecía más sobre él. Con la admiración de un oficial de ingenieros, se detuvo ante las gigantescas columnas de Osiris y de Amón, preguntándose cómo pudieron levantarlas tan altas sin ayuda de máquinas. Nuevamente reconoció su acción ante el templo de Edfu, y también allá arriba, en Filae, en donde los Tolomeos se acercaban a las formas y al estilo de los griegos.

César estaba impresionado por todo lo que los sacerdotes le traducían al griego y por todo lo que los campesinos le explicaban por medio de intérpretes. Se preguntaba cómo él habría gobernado allí y qué mejoras habría podido introducir si le hubiera tocado mandar en aquella tierra. El nombre de las tribus que acostumbraban ir por las dos rutas de las antiguas capitales desde el Nilo hasta el Mar Rojo, llevó su espíritu hacia la India, y nuevamente estuvo ante él el persa Alejandro, y evocó la tradicional amistad entre Persia y Roma, y en Craso, que murió allá por el enigma pérsico.

Tras este viaje por el Nilo, ambos se separan en el mes de julio del año 47 a.C. Cleopatra le va a dar el hijo que ninguna de sus mujeres romanas le ha dado: Cesarión "nacido de la unión del dios Amón-César y de Cleopatra-Isis". Meses después, en vísperas de celebrar su triunfo en Roma, César ya está en situación de llamar a Cleopatra junto a sí.

César regresa a Roma

Dos meses después del regreso del palacio flotante a Alejandría, Cleopatra, a los veintidós años, dio a luz el hijo prometido a su amante. Lo llamaron César, pero los alejandrinos lo bautizaron Cesarión, pequeño César, y en los registros se llama César Tolomeo. Tal como los faraones de hace quinientos años, Cleopatra hizo grabar en los muros del templo inscripciones de cómo apareció ante ella, como una fuerza engendradora, el dios Amón; luego, cómo se alegraron los dioses de este hijo de dios. Los sacerdotes dijeron al pueblo que en el gran César, descendiente de Afrodita, se había encarnado Amón para proteger a la reina divina. Los alejandrinos, escépticos, sonrieron, pero las mujeres y los niños lo creyeron.

Tal vez también sonrieron los padres mortales cuando recibieron las inscripciones para la firma. Cuando nació el niño César no sonrió porque del parto dependía la realización de un sueño de medio año. Permaneció ahí hasta que hubo desaparecido todo el peligro. Sin embargo, lo llamaban a Roma urgentes mensajes que hablaban de la extralimitación de las locuras de Antonio y del estado de descomposición general de la República. La prisionera Arsínoe fue enviada a Roma a esperar la llegada triunfal. En Egipto quedaron tres legiones romanas y, para no dejar ningún alto oficial en Alejandría, las dejó a cargo de un liberto.

Si quedaron como protección o como inspección, lo determinarían los sentimientos de la reina hacia Roma.

Cuando César se marchó, estaba tan joven y tan bella como cuando surgió del tapiz. Como prenda dejó al hijo. Habían acordado que el año siguiente irían a Roma para solemnizar la alianza ante el pueblo y el Senado, junto a su esposo legítimo, su hermano. Él era su esposo ante los sacerdotes egipcios, a pesar de que los alejandrinos mordaces escribían sobre los muros del templo agudos epigramas sobre Amón, el romano. Algunos decían que con aquel hijo Egipto quedaba definitivamente convertido en colonia romana; otros veían en él el símbolo de una alianza; mientras que otros temían para Egipto una desgracia si algo adverso ocurría al romano.

Cleopatra contemplaba desde su balcón la partida de César. Veía cómo se hinchaban las velas con el viento al salir del puerto, y bajo la más grande de ellas sabía que iba César. Intuía, también, lo que en aquellos instantes pensaba él, porque ella pensaba lo mismo. Ambos pensaban en sus respectivos destinos, que se proyectaban en los destinos del mundo.

Una reina destronada se había salvado gracias a su genio, y a su poder seductor, llegando a los sentimientos del amado como camarada y como madre; todo en unos pocos meses. El hombre era casi tres veces más viejo que ella, era un capitán vencedor que rejuveneció gracias al amor, con peligro de su poder y de su vida, y que había llegado a ser padre de un hijo. Ambos obedecían a un solo impulso para luchar en toda forma a fin de hacer de su hijo el heredero del mundo.

En el verano del año 46 a.C., los romanos no se movieron de Roma porque César estaba allí. Acababa de volver de sus victorias africanas y había vencido a los últimos pompeyanos en una gran victoria, en Tafo: los jefes fueron derrotados o muertos y el último hijo superviviente de Pompeyo huyó a España. Mientras tanto, sus partidarios le ofrecieron la dictadura por diez años: un 'novum' en la historia de la violencia romana. Él, por su parte, en un gran discurso ante el pueblo, juró que conservaría sólo por un año más la Dictadura, así como el Consulado, recalcando que jamás había sido un tirano y que nunca lo sería. Los escépticos sonrieron, pero, en esos momentos, todo era confianza y alegría.

Poco después, los romanos se preocuparían por dos grandes acontecimientos: en agosto César haría su entrada triunfal, y en ella un millón de ojos romanos habían encontrado dos miradas extranjeras desde el carro: la reina de Egipto había llegado desde el Sur hasta Roma, mientras que desde el Norte regresaba César a través de la península española. Así, pues, César tenía entonces dos mujeres y un hijo en Roma. La bella egipcia, con su hijo, era huésped del dictador romano en una villa de su propiedad al otro lado del Tíber, y presentada como soberana de una "nación amiga"; ante Calpurnia, la engañada esposa, que no sospechaba; y ante un César, elegido dictador de por vida, cada vez más ávido de prerrogativas reales.

El año de la separación fue para Cleopatra tan tranquilo como agitado y peligroso fue para su amante. Había alimentado y criado a su hijo, que en su segundo año ya podía afirmar los pies sobre la cubierta del barco cuando las olas lo querían. Había logrado tranquilizar a su país después de tantas tempestades, ayudada por los pocos hombres que compartían su destino. Los alejandrinos se habían acostumbrado a la protección de las legiones romanas que representaban al poderoso capitán, y aceptado el doble sentido del amor y del matrimonio de su reina, creyendo también que el general romano había sido efectivamente la encarnación del dios Amón y que el hijo era en realidad, por ambos lados, descendiente de dioses. Por lo demás, todos ganaban en negocios con Roma.

En cambio ella, la amante, cuando después de la partida lo vio vencedor en el Asia Menor, se sintió feliz —como si nunca antes hubiera sido vencedor— de ser ella, entre todas las mujeres, quien había engendrado su hijo. Ella estaba al tanto de su vida por sus informes personales, pero mediante sus espías trataba de saberlo todo: debía saber cada nombre de mujer en los campos de batalla; cómo marchaban sus relaciones con su esposa y todo lo que fuera útil para su servicio: para esto tenía espías especiales en Roma. Así supo cómo, con un atraso de catorce meses desde la victoria de Farsalia, regresó a Roma, lo arregló todo sin precipitarse y a los dos meses se encontraba otra vez en camino para vencer a los herederos de Pompeyo. Vuelto definitivamente, la había llamado a Roma; ahora, aunque tarde, tenía derecho a gobernar solo, tal como sus sueños de juventud lo habían concebido: solo... pero para un heredero.

De manera espectacular, en medio del Senado y de los altos funcionarios, recibió a la reina aliada y a su esposa de doce años, de tal forma que la impresionó, provocando los celos con la vista de la grandeza, de las costumbres y de los trajes romanos. En su exótico jardín a la orilla izquierda del Tíber, allá en donde ahora se eleva el jardín de Doria Panfilia hasta el Janículo, había adornado lujosamente su palacio para responder en forma justa a la generosidad de sus huéspedes de las orillas del Nilo. A sus órdenes aquí y allá se hacían mejoras; una silla aquí, una cortina allá, tratando en todo de recordar el castillo y el aspecto del palacio flotante del Nilo. Cuando en la tarde de su llegada la visitó, se dio cuenta, al venir del Foro, de la doble existencia que tendría que empezar a vivir desde aquel día. Deseaba verla a ella a solas y además, quería ver a su hijo, que, según los relatos, tenía sus mismos rasgos. Los encontró a la mitad de sendero, en el jardín de la villa. Cleopatra estaba sentada en un banco de mármol semicircular y sostenía al niño en sus brazos. Cuando César se acercó ella le sonrió de tal forma que fue aquél un saludo como jamás legión o todo un Foro lo habían hecho. Admirado, el Dictador los contempló, llevando sus ojos del niño a la madre: de ella no tenía nada, pero de él, del César de entonces, sí, tanto como el rostro de un niño puede copiar la cara y los gastados rasgos de un viejo. Curioso, miraba el niño con sus negros ojos al extraño. Esa tarde Julio César vio por primera vez el brillo de su poder romano. Él era el rey de Roma: su sueño pasaba a ser realidad.

2

La mujer del César

Cleopatra en Roma

Ante los romanos, Cleopatra no revela complejos porque también, aunque egipcia, ella se considera griega por ser griegos los Tolomeos (o Lagidios) descendientes de un general de Alejandro Magno, y así se conservaron durante siglos, incluso, en esos matrimonios de consanguinidad entre los antiguos faraones que les permitían —dice Plutarco— hablar macedonio en la corte. De la mujer de César se había hablado poco a lo largo de diez años; ahora en Roma se hablaba sólo de la amante, y la falsa misericordia caía sobre la hermosa prisionera de la reina, ya hacía un año encadenada, esperando ser arrastrada en la marcha triunfal.

En la villa transtiberina, la egipcia recibe con amabilidad los cumplidos de los íntimos de César; entre ellos el cónsul Marco Antonio y un sobrino del dictador, Octavio, que más tarde tomaría el nombre de César Octavio, muchacho linfático en el que Cleopatra adivina al pariente más alarmante de su pequeño Cesarión. Recibe hasta al célebre orador romano, Cicerón, enemigo de valía, aunque curioso como los demás. Todas las mujeres y gran parte de los hombres estaban convencidos de que la mujer no era hermosa. "Podemos imaginárnosla pequeña y graciosa —escribió sobre ella un historiador contemporáneo—, más gruesa que delgada, de piel blanca, ojos y cabellos negros, de indudable belleza, aunque no un dechado de belleza llamativa". En el mejor de los casos era menos bella que docenas de mujeres romanas distinguidas.

Lo único que los hombres y mujeres admiraron de Cleopatra fue el refinamiento con que había convencido a aquel hombre cincuentón, estimado ya estéril, de la llegada del hijo, seguramente habido de algún joven y apuesto ayudante. Y como todos vaticinaban que no les pasaría lo mismo, se formó ya una grieta en la plataforma granítica del hombre vencedor.

Mas, sin embargo, a la vez se elevó un mar de galanterías y cumplimientos hacía la legítima reina de Egipto, que el dictador reconoció públicamente como su favorita y que era, después de todo, algo mejor que su padre, que se hundió en deudas y dilapidó su oro para recuperar la corona. Y como en cualquier momento se podía esperar una sorpresa de César, sus familiares no podían rendirle suficiente homenaje: ambos daban la impresión, cuando aparecían en una fiesta, de ser un par de reyes, lo que producía en los escépticos romanos sugestiones de inmediatos temores.

Ahora bien, lo que más impresionó a los romanos, lo más visible para todos, fue el tacto y la reserva de la reina extranjera, acerca de lo cual mucho dio que hablar en la ciudad. En lugar de lujo excesivo, se veía en su atuendo gusto y sencillez, y cuando no vestía a la romana, aparecía aún más elegante y correcta. Los poetas e historiadores de la época que la miraban mal, no notaron en los dos años que ella permaneció en Roma ni un solo ademán de coquetería, ni una sola murmuración, ni siquiera una palabra altisonante que pudiera acarrearle mala fama; tan completa era su corrección en tierra extraña, tan tenso estaba su espíritu, dirigido al objetivo que allí la llevaba.

En el fondo, ella no quería impresionar más a la sociedad romana de lo que ésta la impresionaba a ella, mientras que con tacto trataba de posesionarse de la trama e intrigas romanas. Por este camino se auxiliaba de su natural curiosidad egipcia, que desde niña la hacía inquietarse por Roma, y gracias a la cual conservaba sólido el poder sobre su pueblo. Gozaba también en cautivar a los poderosos señores que arruinaron a su padre; se valía para ello del mismo Antonio que permanecía en Roma desde la época de aquél; "era un auténtico perro policía, el único que podía contarle los cientos de chismes que unían o alejaban a las familias, amigas o enemigas, del corazón de una República".

Pero realmente, el único y gran objetivo que perseguía esta mujer, era reconocer el carácter de los hombres que influían sobre César o que llegarían a influir; calculaba, al ver la seguridad con que distinguían a cada uno, cuánto le preocupaba a él también esta materia. Alrededor de todos estos intereses e influencias ella debía realizar su plan, sola con su hijo.

Cuando en los primeros meses, en días determinados, recibía a la Roma elegante en sus jardines, impregnándola con su finura, Antonio no figuraba entre los huéspedes. Se había distanciado de César, pues éste lo había censurado a su regreso de Egipto, cosa que ya no toleraba porque se consideraba demasiado importante. Cien cosas mal hechas, según el criterio de César, le fueron perdonadas, pero que hubiese comprado el palacio de Pompeyo y que se hubiese apropiado de las estatuas y reservas de vinos, era algo que los pompeyanos no debían echar en cara al nuevo régimen. Él insistió en no aceptar recriminaciones; se produjo un violento cambio de palabras, luego vino la ruptura, y César lo castigó no haciéndolo su cónsul y nombrando, en cambio, a su rival en asuntos femeninos, Dolabella. Antonio murmuraba y amenazaba a César.

Cleopatra se dedicaba a estudiar a la sociedad. Y cuando encontraba a Cicerón en el jardín del atrio que ella frecuentaba con placer, intercambiaban miradas de recelo. La afinidad entre Cicerón y Julio César era mucha, no así sus ideales políticos, ya que el orador siempre consideró que César se servía de la República para lograr su propio brillo. Así, pues, habían tenido serias diferencias en el Senado y cuando se le involucró en el proceso contra Catilina, César no intentó intervenir. Después le pidió un préstamo para luego huir al promulgar Clodio una ley que castigaba a quien atentaba contra la vida de un ciudadano un romano (Catilina). Decían que había ganado dinero en Asia Menor, tal como los otros, a pesar de sus discursos moralistas. Cicerón tenía una conducta muy voluble hacia el César, ya que a veces lo apoyaba y a veces lo atacaba. Sin embargo, por su participación en la política romana dejaría una huella indeleble en este ámbito, pero más que esto, lograría unificar una lengua para todos los romanos: el latín.

Pues bien, en uno de esos encuentros, Cicerón le sonríe a la reina; y cuando le habla, en su brillante estilo, sobre un original que se había salvado del incendio de la biblioteca de la capital de su reino, le promete hacerlo traer. Ese día la visitan dos jóvenes altos y esbeltos. Uno de ellos, con sólo dieciséis años, le repugna, pero César habla amistosamente de él. Es Octavio con su amigo Agripa.

Octavio es sobrino de César, un muchacho de apostura descompuesta y de cara manchada, siempre sucio y pálido, con su pelo rubio mal peinado; siempre preocupado de su salud y siempre metido entre sus libros. Además, en sus ojos saltones se revelan los vicios secretos que le minan. Si su abuelo, el usurero Velletri, no hubiese sacado el dinero de los bolsillos de sus deudores, jamás su padre podría haberse unido a la distinguida familia de César. Cleopatra piensa que el joven debe odiar a Cesarión si alguna vez pensó heredar al Dictador: "Hay que duplicar la guardia alrededor del pabellón" —ordena de inmediato.

Otro visitante se presenta ante Cleopatra. Se trata de Bruto, a quien recibe con más paciencia porque César le habló en su favor. Con sus treinta años, con su mirada seria y profunda, debía haberle agradado la reina de veinticuatro.

Pero si ella piensa en el amor —Cleopatra piensa siempre en el amor cuando cataloga a un hombre— lo rechaza: Bruto jamás se le rendirá. Este personaje, de quien se decía era hijo ilegítimo de Julio César, y cuyo nombre era Marco Junio Bruto, era un hombre querido por el pueblo, lo consideraban muy culto y sobre todo muy noble; se le apreciaba como un idealista.

Pero hablemos un poco más sobre Bruto: su nombre era respetado y admirado ya que uno de sus antepasados había alejado de Roma al último rey, de nombre Tarquino el Soberbio, dando inicio de esta manera a la República. Su madre, Servilia, había sido uno de los grandes amores de Julio César en su juventud, manteniendo por muchos años una relación sólo de amistad con ella. Se dice que Julio César le regaló a Servilia una perla que valía seis millones de sestercios, pero esto no ha sido comprobado.

Servilia y sus hijas tenían una reputación bastante cuestionable, y Bruto no era el hombre recto que parecía ser, ya que de no haber sido por Julio César, se hubiera visto envuelto en un escándalo por extorsión. Sin embargo, debido a sus pocos incidentes legales, se le consideró siempre un hombre recto y honorable, a quien el pueblo admiraba y respetaba, pues era un estudioso y además se le veía enamorado de su esposa Porcia, hija de Catón, viuda de uno de los enemigos tradicionales del Dictador

Así, pues, Bruto le debía muchos favores a César, a quien amaba, pues siempre lo había tratado como a un hijo, aunque muchos de sus contemporáneos afirman que realmente era su hijo ilegítimo. (Por la frase que pronunció César al ver el rostro de su asesino: "También tú, hijo mío" se ha reconocido dicho parentesco). Pero ese día, Bruto le hablaba a la reina de principios, nunca de la sociedad, y opinaba que habría que educar al pequeño Cesarión en forma pitagórica para que aprendiera a tomar cuenta de sus actos cada tarde. Dicen que Cleopatra aparentaba escucharle afirmando con la cabeza de vez en cuando, sin embargo, por hondas razones, él había caído en sus dominios espirituales.

¡Un moralista más! —recapacitó la griega—. Primero se dirigía a Pompeyo, que había matado a su padre porque estaba del lado del derecho y la razón. Antes del combate se hizo sacar ensayos de Polibio en vez de cerciorarse si la silla de su potro estaba firme. Y a pesar de todo, César había recomendado respetarlo si lo sorprendían en la huída, y cuando él se volvió a los vencedores, lo recibió con los brazos abiertos. En pago, se había casado con una de las más peligrosas mujeres de Roma: la hija de Catón.

Después Bruto se refiere a Varro y pregunta si en su buque ha preferido la antigua sencillez romana al desmedido lujo oriental. Ella niega, y lo hace hablar más, pero en vez de oírlo piensa: "¡Qué romano más falto de tacto! ¡Toda esta familia, tan orgullosa, no pierde el tiempo! Y por otra parte, en Chipre ha prestado dinero a mi gente al cuarenta y siete por ciento. En cambio, César, aquel hombre, lo perdona todo. Parece que se siente honrado con que un pompeyano lo considere. Hace poco dijo que pensaba hacerlo pretor". Y la joven recuerda que César le había dicho que 'había que perdonar a los enemigos'. "Lo suficiente para darles vida e inducir a conspirar —sigue cavilando Cleopatra—. Hay que prevenir a César aunque éste sea su propio hijo".

Cleopatra también posó, algunas mañanas, para el escultor Arquéalo. Al no conservarse su obra, no sabemos cómo resultó; pero la opinión de César sobre ella indica que "no fue una cosa extraordinaria". De su belleza se ha conservado solo un busto y una impresión en relieve sobre una moneda. A ella le pasa lo que a Alejandro Magno que no tuvo un poeta, así como ella no tuvo un artista.

En aquellas primeras semanas en que el sol ardía en las calles de Roma, la ciudad conservó su animación. La reina se dejaba llevar de incógnito, sólo acompañada por algunos sirvientes, por las calles romanas. Sabía que César la

Este bajorrelieve del siglo I a. C. hallado en Alejandría representa casi con seguridad a la reina egipcia Cleopatra VII, último miembro de la dinastía Tolemaica y uno de los personajes históricos más famosos de la edad antigua.

mandaba vigilar pero hacía como si no lo supiera. Si en Alejandría no conocía, en medio de la grandeza y del brillo de su corte, las miserias de su pueblo, en Roma pulsaba la vida de los insignificantes, pues en ellos residía el poder de César, en sus opiniones, que podían protegerlo o dejar que fuera envuelto por los partidarios enemigos. Observó inmensos muros de ladrillos, mucha mugre y poca luz, así como inmundas bandadas de chiquillos en medio de la hediondez de desperdicios podridos. Sólo tres calles de Roma podían recorrerse en carros de caballos. Allí oyó, a la puesta del sol, los juramentos de los conductores y vio cómo a la luz de las antorchas se arrastraban el mármol, los troncos y las tejas, y la escéptica reina se admiró del vigor de los nervios de los romanos que toleraban como adormecidos todo aquello.

Cleopatra se preguntaba cuántos almacenes romanos estarían llenos de productos de su tierra. Debía haber lino alejandrino, vidrios y casas llenas de papel para escribir, cuyas fibras habían nacido a orillas del Nilo. Pero además, y esto lo había dicho ya su madre, de en medio surgía la maravilla de Roma, el agua, a torrentes, para fuentes y baños, y hacia la cual tendían las ansias de todos, llevándola hasta las mesas de sus comedores.

Vio las casas de los caballeros empobrecidos, caídas en manos de aventureros que se enriquecieron en los días de la guerra civil. El panadero más importante de Roma daba en su casa banquetes políticos, cuyas conversaciones interesaban al César mismo. Ella supo quién vendía para las Galias y quién compraba desde Siria; quién explotaba los rescates y quién en realidad cedía sus terrenos, con los cuales debía satisfacer a los insaciables legionarios sedientos de suelo. Cuentan que durante aquellas escapadas, vio el palacio de mármol del caballero Marmurra, que quería imitar a Lúculo ofreciendo en los días de fiesta, en mil mesas, cien bueyes a los electores de César. Todo le parecía superlativo en aquellos calurosos días de la Roma enfebrecida; sólo los templos estaban abandonados.

Después de todos estos recorridos, la reina empieza a hacer sus propios diagnósticos sobre la situación política del gran Imperio Romano: "una República vieja, la desnaturalización de una democracia, la perdición de viejos principios; todo hundiéndose o descomponiéndose, desde el burgués igualitario, que sólo se ve entre las sombras, hasta el insolente y poderoso caballero". Mientras más comparaba a estos hombres con él, más grande era para ella la figura del César.

¿Dónde estaban los dioses romanos? También las creencias habían desaparecido en la capital. Pero había un tácito acuerdo que hacía revivir las antiguas costumbres. En las calles de Roma encontró el servicio de Nitras junto al de Isis, de su patria, una especie de banquete de los hijos de los dioses persas, junto a las procesiones egipcias, en donde desde un pecho de oro se hacía gotear la leche blanca. Tal vez oyera en el teatro el entusiasmo con que se premiaban los versos de Ennio: "Los dioses no se preocupan de nuestros dolores"; o tal vez estuviera presente cuando un espectador, desde arriba, gritó al actor que explicó el crimen de Diana: "¡Que los dioses te castiguen con una hija que cometa esos mismos pecados!"

En aquel ambiente de ruina, Cleopatra encontró en todo lo que veía una tendencia fatalista: ¡Los dioses no movían una mano! Lo único en que aún se podía confiar era en los cometas y los meteoros, en las inundaciones y los terremotos. ¿Acaso César mismo, como máximo pontífice, no dijo en el Senado que la muerte era el fin de todas las cosas? Aquello había llegado al corazón del hombre de la calle. "¡Lanzaos, como César, en la embriaguez de los acontecimientos, dijo él, pues él entiende de fiestas y oro, y cuando además conquista algo para la República no hace otra cosa que prolongar su dictadura! ¡Es más generoso que Pompeyo, Craso y Sila juntos!

¡Qué hábil era César! Acababa de dictar una ley en contra del lujo, en medio de la más desenfrenada opulencia; y limitando un poco el uso de las perlas y de las púrpuras en las mujeres fastuosas, contentaba al pueblo y a la clase media.

Cleopatra regresa, extrañada, de su peregrinación por la ciudad. Nacida entre el puñal y el veneno, ignorante de todos los recursos platónicos, sentía repulsión en medio de la frescura de su juventud, por aquel pueblo y aquella sociedad que daban nombres antiguos, que ya no valían, a sus ansias de placeres y de dinero: una gran mentira colectiva. Sólo César le parecía el único que compartía su cínica inocencia. Por encontrarlo sin dudas ni claudicaciones, le parecía un rey de nacimiento y su único y digno compañero.

En cambio, a Bruto, que sabía conformar a su conciencia cuando cambiaba de partido, le odiaba sinceramente por su moral acomodaticia. Miraba con repugnancia hacia el Capitolio desde que le mostraron la estatua de un antepasado de Bruto, junto a los antiguos reyes de Roma, de aquel Bruto que derrocó al último rey de los romanos.

Amante y consejera

En el mes de septiembre del año 43 a.C. Julio César inaugura un nuevo templo que había hecho construir en honor de

Venus Genitrix, la madre de su familia. Las fiestas populares superan a todas las celebradas hasta entonces. Hace luchar a los gladiadores más famosos, no sólo entre sí, sino también con bestias feroces, y devuelve un anillo de oro a un caballero empobrecido que había sido degradado como artista por él mismo. Además, hace representar comedias en todos lo barrios de Roma, traducidas en cuatro idiomas, y por último, ofrece al pueblo el espectáculo de una batalla naval, haciendo destruir buques egipcios sobre un lago artificial.

Pero César aventura demasiado. Confía a los alejandrinos llegados en el séquito de Cleopatra la coreografía de sus triunfos, introduce su minuta, reforma el calendario bajo la dirección de Sosígenes, astrónomo de Cleopatra —creó un año de quince meses, a fin de ponerlo a ritmo con el sol, acabar con el 'caótico' calendario del último siglo y hacer un nuevo para los siglos venideros, el que aun tenemos aunque modificado— e instituye en el templo de la madre Venus el culto de Cleopatra-Afrodita. César presenta, ante los grandes de la República a su amada, a la reina de Egipto, en su origen divino, como lo hacen en su tierra. Sí, y para gozar de aquello y para mostrárselo a los demás, perdió incluso su mayor cualidad, la paciencia, colocando la estatua inconclusa, que parecía que hubiera tratado inútilmente de cumplir los deseos femeninos de imitarla cabalmente. Era una tradición humana y contra la divina. ¿Qué tenía entonces de extraño que Clodio hubiera colocado a una prostituta como estatua de la libertad y que Cicerón hubiese puesto frente a su casa a la bella Flora como modelo de un cuadro de los dioses? ¡Entonces comprendieron y muchos de ellos con espanto, qué era lo que significaba la estatua de la reina divinizada en el templo de los dioses de la familia de César!

Con esa ocurrencia elegante que le reconocen los poetas, César había dictado a sus conciudadanos el criterio con que debían juzgar a su amante y les había señalado la dirección que debían seguir sus proyectos. Enseguida, hizo dictar al Senado una ley, copiando las leyes de Oriente, que permitía la alianza poligámica. Con su habilidad natural había medido las consecuencias del divorcio, por lo que prefirió esta solución que le permitía legitimar a su hijo ante las leyes de su patria. Dicha ley le permitiría tener dos mujeres. Así construyó a la vez, desde arriba y desde abajo, en sentido religioso y jurídico, los fundamentos del dominio de su hogar. En aquella época, año y medio antes de su fin, el más hondo deseo de César era fundar una dinastía de su propia sangre. Sólo le quedaba una grande, una inmensa empresa que realizar para cumplir sus deseos. Tras de toda corona simbólica de *imperator* que se le ofrece, está la mano de Cleopatra. *¡O tempora, o mores!*, ¡Qué razón tenían los antiguos padres conscriptos, que siempre desconfiaron de guerras, incluso victoriosas, en Oriente, por temor a que un general romano, sorprendido en la trampa, terminase revolviéndose contra su propia patria!

En tanto, Julio César, después de cuatro matrimonios infructuosos de los cuales había nacido sólo una mujer, hacía ya tiempo fallecida, intentaba ahora hacer de una extranjera la madre de su familia. ¿Qué faltaba para que se hiciera coronar rey de aquella reina? Ya en el año 45 se hizo nombrar cónsul único y renovar su dictadura por más años: una monopolización del poder como ni Sila la tuvo. La atenta expectación creció con el miedo y la general inquietud con la espera. Todas las miradas estaban atentas, todas las mentes encendidas: Roma estaba inquieta ante el peligro monárquico.

Y no sólo Roma. Una vez más se habían reunido en España los soldados descontentos alrededor del hijo de Pompeyo; o sea, que cuatro años después de su iniciación, la guerra civil continuaba. En los momentos en que parecía que todo estaba listo para la realización de sus planes mundiales debía César llevar a los romanos a pelear con los romanos. Esta interrupción significaba una nueva separación de Cleopatra, que quedaba sin protección, en sentido moral, al quedarse sola en Roma. Ella sabía que sus enemigos planeaban su derrota.

Era invierno, los caminos de los Apeninos eran fríos, en su última lucha le sobrevino un ataque. Presionados por amargos sentimientos, César y Cleopatra se despiden; el abismo de las generaciones que había entre ellos y que se acrecentaba a medida que pasaban los años, parecía sólo vencible con la presencia corporal. Si se separaban, se levantaba una figura difusa ante ella: un hombre viejo.

Cleopatra procuró estar cerca de César mediante una red de correos; pero ambos sabían que los dos estaban rodeados de mutuos espías a cuya aparición sonreían tal vez. ¿Acaso no podría amar la joven reina a un joven romano, ni él, César, a una princesa extranjera? Por entonces parece dedicar al espíritu sus horas libres pues en el viaje a España, escribe su *"Anti-Cato"*, un escrito en contra de la República y sus ideologías, comentado por Cicerón. Pero luego volvió a ser militar y general, y se hundió en sus combates.

Al mismo tiempo Cleopatra luchaba por él en Roma ¿Tenía aún amigos César? ¿No cometía una falta capital cuando olvidaba a sus enemigos? Los antiguos pompeyanos, cuya fría mirada notó la mujer desde el primer instante, se empezaban a reunir, pues el resultado de la nueva guerra civil era incierto y cada cual tenía derecho a desconfiar. Los agentes de Cleopatra estaban en todas partes, oían a los descontentos en las calles, seguían a los silenciosos a sus casas; se hacían explicar el sentido de cada epigrama, palabra por palabra. Cleopatra conocía muy bien la opinión de los barrios bajos y la comparaba con la de la orgullosa sociedad.

Con mucho cuidado, la reina investigó cuál era el pensamiento sobre la guerra. ¿Qué pensaba o intentaba Cicerón, cuya voz era una de las más poderosas y escuchadas de la época? Éste siempre había evitado al león. Ahora lo felicitaba por su escrito, difundido rápidamente en Roma, para demostrarle la generosidad de un gran autor hacia un general aficionado. Pero a la vez resolvió jugar ante este segundo Alejandro el papel de un segundo Aristóteles, y le escribió una carta en donde le pedía que, igual que el riego, gobernase sólo como el primero de los romanos. Era en el fondo una carta política para la posteridad y para la fama, pero en el último momento, por consejo de un hábil economista, no la envió.

Cleopatra lo sabía todo y se lo comunicaba a César, quien en el campo de batalla se entretenía con las habladurías de la capital. Ella sabía también que Bruto se encontraba clandestinamente con su cuñado Casio. ¿Y cuáles serían los planes de sus dos mujeres, que giraban en el círculo de Servilia? Cuando Casio llegaba hasta la villa transtiberina, ambos se medían frente a frente con sus oscuras miradas. Los culpables de aquel odio eran dos leones. Cuentan que cuando la ciudad griega de Megara, después de la victoria de César en Farsalia, se negó a abrir sus puertas y fue sitiada, los habitantes, presionados, soltaron dos leones que Casio había llevado algún tiempo antes desde el África para verlos pelear más tarde bajo su nombre en el circo romano. Estos leones capturados nuevamente, fueron declarados propiedad de César y no los devolvieron. Casio hizo responsable a su señor. "¿Cómo era posible que este cónsul, este César, robarle el símbolo del poder, a él, que había salvado los restos del ejército romano en Persia, mientras César sacrificaba a miles de romanos en Galia? ¡Eso no lo olvidaría jamás!"

"¡Otro pompeyano perdonado!" —especulaba Cleopatra—. ¿No le quedaron a César, en Mesina, treinta buques? Ella nota, además, los celos de su mirada. Ante estos jóvenes aparece demasiado viejo para poseer tanto: ¡Uno —Cicerón— no le concede el derecho de una amada; el otro —Bruto—, su hijo; el tercero —Casio—, sus leones! Y cuando se trata de los derechos ciudadanos, todos tienen la misma tendencia.

Antes, cuando Pompeyo compartía el mando, todos eran felices con aquel dictador que pisoteó la libertad misma; "pero si éste peleó en Farsalia contra César —pensaba Cleopatra—. Todos eran unos trásfugas a quienes perdonó después de la victoria. Si los hubiera destruido a todos, en lugar de perdonarlos no estaría otra vez peleando allá lejos. ¿Acaso sus planes para la mañana han sido tan olvidados por sus enemigos de ayer, que pueda dejarlos ahora en libertad? ¡El hecho de que César no se vengue la única debilidad que lo diferencia de los reyes!"

Ese día Casio había llegado con otro hombre, alto y delgado, de quien también la reina recelaba: Décimo Bruto, el otro Bruto: éste era un favorito completo al que César hizo almirante en su primera juventud y que parecía haber combatido maravillosamente contra los venecianos a su regreso de Britania. Este brillante y orgulloso oficial que siempre le había acompañado en su partido, había sido, por voluntad de César, dos veces gobernador de Galia, ganando millones con ello. Sin embargo, Cleopatra había captado una mirada de Bruto hacia César llena de fría crítica, y en la sonrisa burlona que siguió a esa mirada y que duró un segundo, había descubierto su odio y había hecho nacer el de ella por no poder vengarse del favorito.

Entre el grupo de asiduos visitantes a la villa de aquel lado del Tíber, sobresalía una mujer esbelta, de alta figura, con espesa cabellera negra, cuya espalda parecía particularmente rígida. Era Octavia, la sobrina de César, quien lo mismo que su hermano Octavio, no toleraba a la reina. Las mujeres hablaban de los espectáculos circenses del día anterior, y cuando Cleopatra rió del rinoceronte que atravesó al criminal, la pulcra Octavia se cubrió la cara con las manos. Mientras tanto, ambas mujeres se investigaban para determinar cuál de las dos era mayor, si su pelo café o si su pelo negro era el más bello y, sobre todo, cuál de ellas era más femenina para atraer a los hombres. En 'la egipcia", como la llamaban sus enemigas, todo debía serle extraño a Octavia; todo lo de Octavia, extraño a Cleopatra, siendo totalmente distintas sus ideas y sus sentimientos.

Entra en escena Marco Antonio

Cuando en la primavera regresó César de su victoriosa campaña, creyó su amiga que todas las nubes se habían disipado. Había derrotado al enemigo en la desembocadura del Munda y parecía rejuvenecido. Ella supo de unos amores con la mujer de un rey maurella, extranjera, pues si en el invierno la había dejado un amante decaído, recibía entonces uno viril y entusiasta. En la Munda la situación había estado dura, pues contó a sus amigos de confianza que tuvo necesidad de avanzar entre sus cohortes indecisas para hacerlas triunfar. Luego les había dicho: "A menudo he luchado por la victoria; hoy lo he hecho por mi vida". Pero la gran novedad que lo llevó al Foro no fueron sus victorias, a las cuales todos estaban acostumbrados, sino su reconciliación con Marco Antonio.

Había encontrado una Roma turbada por los problemas debido a que Marco Antonio había resultado un pésimo dirigente, se había sobrepasado en gastos y su escolta sólo pensaba en divertirse. Los veteranos lo habían imitado, sus escasas provisiones se habían terminado demasiado pronto, y ahora exigían que el gobierno romano les entregara todo lo que les habían prometido.

Antonio había intentado tomar cartas en el asunto, pero su respuesta había sido muy débil cuando los soldados apedrearon a un emisario de Julio César. En el mes de octubre, los soldados estaban listos para tomar Roma, pero César había llegado y cerró la ciudad con su ejército, llevando a los rebeldes hasta el campo Marte, donde escuchó sus demandas.

Los soldados exigían la licencia y además los premios que se les había prometido, a lo que César accedió dándoles la licencia, pero les dijo que los premios habrían de ser entregados en cuanto llegara el otro ejército para celebrar el triunfo. Además, les dejó muy claro que para él ya eran simples ciudadanos. Entonces, los soldados se rindieron y pidieron ser aceptados de nuevo en el ejército, a lo que Julio César accedió. Pero aun faltaba el castigo de Antonio, quien fue cesado y en su lugar se colocó a Lépido.

A Cleopatra le habían hablado mucho de Antonio, incluso había oído decir que en los últimos tiempos se había pasado del centro tranquilo y mesurado de los cesarianos, a la izquierda activa y violenta, con lo que se conquistó la desconfianza de las últimas autoridades que luchaban por la lealtad a las leyes.

La reina piensa que lo que le sucede a Marco Antonio es parecido a lo que le pasa a una amante voluntariosa que acepta, por despecho, las críticas a su amigo mientras él está presente, pero que cuando está en combate y ve a los holgazanes sentados en su casa, no resiste y sale al encuentro del amante para entregarse a sus brazos. La presunción de Antonio lo había mantenido alejado de César durante las dos campañas de Pompeyo; cada noticia lo había excitado, comentándola amargado; él habría evitado aquel error de cierto jefe; por otra parte se murmuraba que no pudo contemplar el desfile triunfal de César porque habría tenido que cabalgar detrás de él. Así fue Antonio al encuentro de César, en recuerdo de aquella oportunidad en que coincidieron en el Rubicón y en que empezaron la gran aventura de la vida en común. Y ahora contaban en Roma que él lo recibió en su carro y que viajaron todo un día juntos.

Dicen que el viejo y solitario César, que comprendía que los locos Dolabellas lo seguían sin quererlo, ganó esta vez nada menos que a Antonio, y éste ganó a quien nunca habría perdido si su carácter no fuera tan ligero. Finalmente el César le concedió su dispensa.

Cleopatra recordaba el primer encuentro con el cónsul en Alejandría, en la mesa de su padre. Ella tenía catorce años pero era tan precoz y tan perfecta como diez años más tarde. Sin embargo, Marco Antonio, mirándola sólo como mujer, no tuvo un solo pensamiento hacia ella; él, un hombre que poseía tantas mujeres. Así como jamás había desobedecido una orden de César en su presencia, ahora también era para él una orden el respetar a la mujer de aquél. Antonio era el único hombre en el que Cleopatra confiaba para que estuviera cerca de César; debía unirlos firmemente, lo que pronto logró.

Una vez más llegaba la primavera, en uno de cuyos días aparecieron los dos hombres ante la reina, al otro lado del Tíber, en medio de la avenida de cipreses que unía la puerta a la villa. Hondos sentimientos agitan ya el espíritu de esas tres persona. Cleopatra, cuya bondad devolvió a ambos visitantes su ánimo natural, vio y sintió sólo a uno de los dos porque en los grandes instantes de tensión femenina se olvidaba de sí misma, tal como cuando surgió del tapiz. Al vuelo, compararon sus despiertos sentidos la masculinidad de aquellos dos hombres, que tenían sus ojos clavados en ella.

El bello capitán de aquella época estaba ante ella en imponente aspecto, como un hombre de treinta años, aún más herculeo que antes, de crespo cabello, de mejilla llena, rodeada de barba, seguro de sí mismo, en abierta armonía con los hombres y los dioses. Del otro, en cambio, grande y delgado, cuyos huesos no invitaban al deseo, con una piel curtida y quemada al sol de los combates, con su larga nariz, duras mandíbulas y salientes pómulos, que amenazaban con herir al tocarlos, calvo y veinte años mayor, emanaba un poder tan inmenso de atracción y de dominio, despertaba en forma tan inequívoca los sentidos de una mujer, que ésta tuvo que aceptar que, de los dos, el mayor era el rey.

El nuevo amigo tenía una esposa, y con ella, Fulvia, la reina no podía convivir. No comprendía cómo la hija de un burgués podía intentar conquistar el poder, y mientras su propio orgullo la llevó desde ser hija segunda hasta reina, a través de intrigas y traiciones, en los últimos dos años había alcanzado un poder tan ilimitado que llevó sus sentimientos reales a tal altura sobre el pueblo que un burgués y un esclavo le eran igualmente extraños. La única excepción era César; pero después de todo, él también descendía de Venus (el padre de César juraba provenir de la diosa). ¿Con qué objeto se enorgullecían todos, en esta República, de la nobleza de su ascendencia? —se preguntaba la reina—. Por lo demás, las familias más conocidas estaban emparentadas y relacionadas por sangre, matrimonio o política. Cleopatra no se admiraba de la inmoralidad de todo esto al año de estar en Roma; sólo que todas las historias de amor giraban alrededor del dinero, y las de divorcios alrededor de la política.

Según las palabras de un antiguo autor, en Fulvia no había nada de femenino... fuera de su cuerpo. Sus cinco sentidos estaban puestos en llegar a ser la dominadora de un dominador, la dueña de un capitán. Sin embargo, no atraía a los hombres fríos y egoístas como ella: se había casado con tres infelices; era madre de cuatro hijos de los tres matrimonios, y apenas estaba a mediados de los veinte años. Si el primero o el segundo de los maridos había sido el más vicioso, era algo que determinaría la sociedad; de todos modos, Curio, su último marido, amigo de la infancia de Antonio, perdió con éste, primero, su fortuna y después a su mujer; pero Antonio se casó con ella sólo después de que el tercer camarada de esta famosa sociedad, Dolabella, le robó a su mujer llamada Antonia. Todo eso tenía consecuencias básicas porque el que era pariente llegaba a ser fácilmente edil y cónsul, y cuando estaba divorciado o su mujer lo engañaba, votaba con la oposición en el Senado.

Así, pues, mientras la reina observaba honda y profundamente la vida política de Roma, tanto más despreciaba el origen del poder que provenía de votos que podían ser comprados, por parentesco, por herencia, por divorcios o por adopciones. Todo concurre a conducir a César a dar el golpe de Estado que lo llevaría hasta el trono.

Y, si embargo, Cleopatra era tan hábil que no se confió a nadie que no fuera César. Aceptó la amistad de Antonio y de Fulvia, porque ambos odiaban a los enemigos de César y desconfiaban de las mismas mujeres y hombres que le habían parecido sospechosos cuando los nuevos amigos de César murmuraban en su contra y contra ella misma. Ahora confirmaba sus suposiciones y sabía que Antonio odiaba a Cicerón porque éste había condenado a muerte al segundo marido de su madre; por otra parte, el gran moralista dormía con su esclavo favorito, Tiro.

Cleopatra se enteraba por boca de César de las locuras de Antonio, como aquello de que había enfermado del estómago en el Foro, durante su discurso popular, a la mañana siguiente del matrimonio del comediante Hipias; o cuando mandó cantantes a las casas de las familias puritanas para que las despertaran con canciones obscenas. La reina comentaba que éste héroe dionisiaco le gustaba cien veces más que Bruto o Cicerón. Mas el César argumentaba que Bruto era filósofo profundo y que Antonio había llevado a la victoria el ala izquierda en Farsalia. Sólo de Octavio, el sobrino, nunca se hablaba, pues conocía la repugnancia que le inspiraba a la reina y estaba resuelto, como hombre de honor, a mantener a su familia lejos de toda crítica, incluso de la de ella.

Sin embargo, por su propia voluntad, César tenía una nueva familia y cuando veía a la reina mirar al niño que, ya en el tercer año de edad, como decía un escritor antiguo, se le parecía ridículamente, permanecía leal a sus planes, aun cuando parecía postergar los asuntos de los partidos. A la sombra de cientos de intrigas, pero siempre protegida por la mano de César, como en una isla solitaria a la cual no alcanzara ninguna contaminación, en su segundo año de permanencia en Roma, aumentó aún más el orgullo de Cleopatra, cerró aún más los salones de su villa, y de huésped de la sociedad romana pasó a ser una reina con su corte, a quien Cicerón llamaba en sus cartas simplemente "la reina".

No se ha podido comprobar, pero se sabe con seguridad que en aquella época desapareció el hermano y cónyuge de

Cleopatra, el joven Tolomeo XIV. Él no había facilitado el divorcio de su legítima esposa, sino que, como jefe, había combatido a los enemigos egipcios y romanos. Realmente nunca fue su marido. No tuvo niñez sino hasta los doce años, cuando murió su padre que era un monstruo. La madre era desconocida, y entre los Tolomeos no había sentimientos familiares. ¿Qué podría impedir a Cleopatra eliminar al jovencito que se cruzaba en su camino? ¿El hecho de que fuera su hermano? ¿Qué ley moral podía detenerla cuando los dioses de Grecia y Egipto, en cuyas leyendas fue educada, asesinaban a sus parientes de sangre tan fácilmente como lo hacían los señores de la sociedad romana entre los que a la sazón vivía? Tolomeo XIV desapareció.

Las últimas hazañas de César

Por ese tiempo creció la inquietud de la reina. César se había propuesto terminar sus planes de conquista para el Imperio. El premio por el que ambos luchaban era nada menos que el mundo entero y el enemigo no era otro que la edad de César. Lo que iba a emprender era muy audaz porque lo iniciaba en el ocaso de su vida. A este hombre que después de treinta años de lucha por llegar a la monarquía había llegado a ser Dictador, nadie lo obligaba a dejar Roma y lanzarse a recoger banderas deshonradas en el Éufrates. Podría mandar durante veinte años en Roma protegido por sus tropas, sin peligro de enemigo exterior; podría casarse con la reina, educar a su hijo y, con una insinuación a su dócil Senado, otorgar a su heredero el título de rey.

Ahí estaba Persia, no como simple provincia, sino como un símbolo del mundo oriental, que se entregaba al Occidente para dar fuerza mística al título de rey. Pero entre la salida del ejército y su regreso, había miles de flechas pérsicas, corrían cien ríos, brotaba la fiebre de los pantanos, además de las traiciones y sorpresas. La enemistad general que lo rodeaba y que desde hacía un año y medio crecía casi incontenible, la envidia de sus primeros colaboradores, la red de celos tejida por las mujeres políticas y el descontento de una juventud a la que le faltaba respeto, en aquella cínica época, para servir a un espíritu superior, y más que nada, los rasgos decadentes de César, hacían pensar a Cleopatra si aún podría alcanzar su objetivo.

César estaba haciendo los arreglos pertinentes para ir a luchar contra los pompeyanos, quienes se estaban reorganizando en África. Allí se encontraban: Catón, Cneo Pompeyo, Afranio, Labieno —que había abandonado a Julio César—, Petreyo y Escipion; en fin, toda la corte de Farsalia. Además de ellos estaban muchísimos magistrados romanos que habían establecido un gobierno en el exilio.

Los rebeldes tenían superioridad numérica sobre las tropas de César, pero además contaban con el apoyo del rey de Numidia, Juba. El César estaba en franca desventaja, no sólo numérica sino también militar, pues sus legiones estaban compuestas en su mayoría por novatos, soldados desacostumbrados a las penurias del combate.

Como el enfrentamiento aún tardaría en realizarse, Julio César aprovechaba el tiempo para entrenar a sus novatos. Mas el día llegó y el 6 de febrero del año 46 a.C. las tropas a cargo de Escipion intentaron cortarle el paso a los soldados de César, pero fueron repelidas. Escipion intentó retirarse no obstante que el espacio resultaba demasiado estrecho para poder intentar alguna maniobra, así que tuvo que enfrentarse al ejército del César.

La derrota que sufrieron entonces los pompeyanos fue tan estrepitosa, que parecía el fin de la guerra. Muchos de los colaboradores rebeldes desertaron, tal fue el caso de Labieno, quien huyó a España acompañado por los hijos de Pompeyo; mientras que a otros los capturaron, como a Afranio, que después fue ejecutado. Al rey de Numidia, Juba, no lo aceptaron en la ciudad y prefirió suicidarse para no caer en manos de sus enemigos. Catón también se quitó la vida. Esto sucedió en la región de Utica.

Súbitamente César se quedó sin adversarios, y el reconocimiento fue tan grande, que le valió honores y ceremonias triunfales en Roma. En total se realizaron cuatro ceremonias: una por cada triunfo militar de Julio César en el extranjero. Los festejos fueron realmente espléndidos, corrió el vino a diestra y siniestra, y lo mismo sucedió con la comida. Cleopatra fue invitada a presenciar, junto a César, desfiles y fiestas.

Después de la algarabía de los festejos y las celebraciones, César se preparó para ir a luchar al reino de Siria donde había fracasado Craso, con el fin de poner en claro los límites del ya Imperio Romano. En realidad Julio César pasaba muy poco tiempo en Roma. Desde su consulado en el año 49 a.C. hasta el día de su muerte, permaneció menos de treinta semanas en la ciudad, pues el tiempo restante lo ocupaba defendiendo al Imperio o solucionando problemas en el extranjero.

César había logrado imponer el orden en una sociedad corrompida por el poder, el lujo y la diversión, con mejores resultados que sus antecesores Cayo Mario y Sila. Además, sus innovaciones en el ámbito del derecho y la política fueron la salvación de un decadente imperio.

En el año de 45 a.C. César daría fin a los últimos rebeldes pompeyanos. Esta última victoria militar trajo sobre la persona de César el reconocimiento que tanto había anhelado, ya que el Senado lo proclamó Dictador por diez años más, y no sólo eso, sino que además se le concedió el derecho para escoger y nombrar a sus colaboradores, por lo que los candidatos a los cargos más importantes en el gobierno romano serían designados por él. Por fin, César es nombrado Emperador e inicia el restablecimiento del brillo del Imperio. Asimismo, se le declaró libre de obligaciones militares. Esta última concesión le dio el tiempo y la tranquilidad para poder dedicarse a la vida política por un tiempo. Trató por todos los medios de aliviar en el pueblo todo el daño que habían causado los aristócratas y los nobles, enmendando las injusticias y bajezas que habían provocado.

Se dedicó a promulgar una ley por medio de la cual se limitaba el lujo y la suntuosidad, dejó asegurado el trabajo para todos los veteranos y redujo los impuestos. También había desaparecido la lucha entre los partidos, pues los eliminó, porque ellos habían sido en parte los causantes de la anarquía en la que estaba sumida Roma.

Para poder dejar a los partidos fuera de acción fue necesario inflar el poder hasta volverlo inofensivo. Consideró necesario elevar el número de senadores a novecientos miembros, y aceptar en el Senado a los ex magistrados así como a los magistrados honorarios, quienes habían recibido ese nombramiento por algún tipo de mérito al Estado.

Limitó el mandato de las provincias a dos años y extendió el derecho de voto hasta la Galia Cisalpina y otras provincias, todo esto con el fin de terminar de tajo con la corrupción y el fraude electoral. Además, le aumentó diez días al calendario y puso las reglas para el tránsito en la ciudad con el fin de poder conservar las vialidades romanas. El grano fue otro tópico que tocó, pues estaba preocupado por su aprovisionamiento.

Las funciones del Senado también sufrieron modificaciones, ya que Julio César las redujo. Entre estas funciones se encontraba el manejo del dinero del Estado, para lo cual designó a dos funcionarios; y la acuñación de la moneda del Imperio fue confiada a tres personas. Poco a poco el Senado se convertiría en algo parecido a una Corte del 'rey' César, ya que casi todos los que acudían a él le rendían honores, y con razón, porque casi todos los senadores le debían a César su puesto.

Cicerón llegó a afirmar que el Senado había dejado de ser un cuerpo exclusivo para la resolución de problemas de la República, y se había convertido en una especie de "club" al que cualquiera podía entrar. Su indignación era tal, que durante las sesiones permanecía callado en señal de inconformidad.

Las magistraturas también sufrieron cambios, ya que la designación de los cónsules estaba restringida a Julio César. Él y sólo él podía nombrar a los que ocuparían dichos cargos. Los puestos se duplicaron, los cónsules dejaron de ser veinte para volverse cuarenta; los pretores eran ocho y terminaron siendo dieciséis; los ediles eran cuatro y al final fueron seis, pero dos de ellos seguían siendo curules y cuatro seguían siendo plebeyos.

Desde su villa al otro lado del Tíber seguía Cleopatra con mucha atención los últimos acontecimientos y veía como César otorgaba amnistía a viejos pompeyanos, dando a las viudas e hijos los bienes confiscados, y más aún, hizo reponer en el templo las estatuas de Pompeyo, su gran enemigo, a quien había terminado de vencer definitivamente en sus hijos. Fue esta ocurrencia tan comentada, que el mismo Cicerón escribió que al reponer las columnas de Pompeyo, no hacía otra cosa que asegurar las de él en el suelo firme.

Esta ocurrencia extrañó a la reina. La cínica ingenuidad de su ser, que por herencia y desde la niñez había sabido proteger su vida mediante la venganza en sus enemigos, creció hasta el espanto al ver que él los perdonaba siempre. No entendía que pensara dejar allí a todos los descontentos que sólo buscaban oro y puestos, mientras él se lanzaba a su gran empresa. ¿Iría a nombrar pretores a Bruto y a Casio, cuando a lo sumo debía dejarlos de procónsules en alguna provincia lejana? César no sabía lo que la reina sospechaba: que sus enemigos se empezaban a reunir; si no, no los habría excitado tanto, adoptando costumbres reales, al estilo Cleopatra, sin atreverse, sin embargo, a declararse como tal. Hizo acuñar monedas con su perfil y llevó en las fiestas, cuando iba en su carro egipcio, sobre su calva cabeza, un ramo de hojas de encina, de oro: en el Senado tenía una silla dorada y su figura estaba en el Capitolio al lado de los siete reyes antiguos.

A la vez siguiendo el ejemplo de Egipto, hizo colocar su busto en la *Pompa Circensis*, entre los dioses; e hizo construir una cama de descanso en el templo que debería ocupar *Genius Cæsar* en las oraciones públicas. Se le reconoció el derecho de ser respetado en el interior de la ciudad, como a Alejandro. César se parecía en aquella época a un hombre a quien sólo una débil muralla separa de la mujer deseada y que no puede, por ello, dormir en las noches.

Miles de envidiosos recelaban de este ambiente, al ver que uno de los más precarios y pacientes gobernantes se volvía voluntarioso y cargado de orgullo. Cada día sabían en Roma una nueva noticia. Una vez nombraba senadores a un par de desconocidos, galos para colmo, y otra vez otorgaba puestos y distinciones a hijos de padres vulgares e inestimados. Otra vez reconoció que Sila había sido un tonto al no haber aceptado la dictadura. Y una tercera vez dijo: "Basta con mi palabra: es ley; la República no existe sino en el nombre". Cuando un tribuno popular no se levantó a su paso, se encaró con él en alta voz y en público.

Pero cuando apareció el Senado en pleno con cónsules y pretores, a ofrecerle la dictadura vitalicia, él permaneció sentado. Este hecho produjo mucha impresión y fueron varios los senadores que abandonaron la sala. Según la descripción de Plutarco, quiso levantarse, pero fue detenido por Balbo, que le dijo: "Piensa que eres César. Tú, el más alto, ¿no quieres aceptar nuestra oferta?" Lo cierto es que se dirigió inmediatamente a casa, arrojó las vestiduras y grito: "Ahora puede el que quiera cortarme la cabeza". También se preocupaba de sus ataques: "En estas condiciones no puedo conservar la calma cuando tengo que usar la palabra en reuniones públicas; me mareo, me sobreviene el ataque y pierdo los sentidos".

Cleopatra se alarmaba cuando veía estas actitudes y consultaba a Antonio, el único de su confianza, éste contestaba con respuestas bruscas de tipo militar. Porque florecía a la sombra de su señor, era el de mayor confianza y sólo él tenía conocimiento de sus planes militares, siendo nombrado cónsul y sus hermanos pretor y tribuno popular. Y cuando sus amigos asaltaron la caja popular, todo el mundo calló, incluso César. Antonio esperaba el golpe de Estado de César con impaciencia, y movía sus resortes para ello.

En febrero del año 44 a.C. la crisis real se intensificaba. Cleopatra decidió prevenir a César, pero no por medio de Marco Antonio, porque éste no le daría importancia y se reiría de todo. Una tarde de invierno esperó largo tiempo hasta que, frente al hombre, le previno con palabras fuertes. Esto le hubiera sonado a él, viejo militar, como un comunicado de guerra si no hubiese temblado su voz. La escuchó inmóvil. Luego le dijo más o menos lo que a menudo decía, citado por Cicerón y Apiano, como la frase favorita de su última época: "Ya he vivido demasiado; es mejor vivir de una vez que quedarse siempre esperando". Y sin embargo, tales palabras encerraban la depresión que le sobreviene al que quiere conocer lo inesperado del tiempo y de la muerte.

Pero eso no era todo, ese año (44 a.C.) el poder de César se acrecentaría aún más debido a un referéndum por el cual las tribus le daban el poder de nominar a los cónsules y a la mitad de los demás magistrados. También en el ámbito de la construcción tuvo grandes aportaciones, ya que inició la construcción de grandes obras así como de acueductos. Sin embargo, a pesar de los grandes beneficios que César había traído a la sociedad romana, prevalecía un clima de hostilidad a su alrededor, el cual creaban los conservadores.

Los conservadores temían que Julio César utilizara todo su poder, que por cierto era enorme, y acabara con la República instaurando la monarquía. Sus temores se verían fundamentados con lo que sucedió cierto día en que el pueblo le comenzó a gritar ¡Rey! ¡Rey! y Julio César pidió que guardaran silencio, pero sin mostrar mucha determinación. También en la famosa coronación, cuando durante una procesión, alguien quiso colocarle la corona de laureles dos veces, mismas que Julio César la rechazó, "no soy rey, soy César" —dijo—, sin embargo, en la expresión de su rostro denotaba su intención y tristeza por no poder portarla. Ya no había dudas, Julio César deseaba ser rey y quería con él a su reina Cleopatra.

La muerte de César

Los rumores que tanto habían circulado en Roma se estaban confirmando, las dudas estaban despejadas: Julio César quería ser rey. Los aristócratas pensaban que sólo dándole muerte podrían detenerlo. Cayo Casio era el principal promotor de la conjura contra Julio César. Casio era un seguidor de Pompeyo, por lo que odiaba a Julio César con todas las fuerzas de las que era capaz.

Más que nunca la reina está inquieta. Teme por el porvenir de su hijo, teme por la vida de César... A esas alturas sospecha de todo, de todos. Y se entera, aterrorizada, que César ha disuelto su guardia personal y se hace acompañar sólo por un par de lictores desarmados. En vano trata Cleopatra de avisar a Antonio, de prevenir a César. Él se ríe: "La muerte —dice— es menos terrible de lo que los hombres se imaginan; en todo caso, es una desgracia que no necesita sufrirse dos veces" (Plutarco).

Lentamente la conspiración va tomando forma y reuniendo más partidarios hasta llegar a sesenta; entre ellos se encuentra aquel de quien se dice es hijo ilegítimo de Julio César; su nombre es Marco Junio Bruto.

Pero Bruto, sobre cuya fama moral descansaba toda la rebelión —como se deduce de las cartas de Cicerón—, era uno de esos hombres de honor, sombríos, que están torturando continuamente sus sentimientos, demasiado humanos, con reconvenciones éticas, a la vez que los hermosean, protegiendo toda mala acción con un buen objetivo que la justifica. En realidad, Bruto tenía en César al hombre que quería ser su padre. La idea que este patricio tenía de la pureza de la familia, no toleraba la mala fama que tenía la madre, que ya estaba vieja y que vivía cerca del hijo todavía. Un Bruto debía ser educado honradamente, y si así lo era, descendía efectivamente del famoso asesino del rey y libertador.

La antigua amistad de largos años entre Julio César y la madre de Bruto, que tanto tiempo fue tema de conversaciones públicas, se convirtió en leyenda apolillada, y desapareció cuando su hijo la destruyó con su creencia en un padre legítimo. Servilia y sus hijas tenían una reputación bastante cuestionable, y Bruto no era el hombre recto que parecía ser.

Bruto le debía muchos favores a Julio César a quien supuestamente amaba, pues siempre lo había tratado como si fuera su hijo. Cuando se enteró de la conjura, estuvo a punto de negarse, pero su esposa lo convenció ya que era la oportunidad para que Catón pusiera su venganza en manos de él, su yerno.

Los dos principales conspiradores contra César eran seguidores de Pompeyo, a quienes —como dijimos anteriormente— había perdonado y además escogido para desempeñar cargos públicos en su gobierno, y sin importarles el agradecimiento que deberían tenerle, mordieron la mano que les daba de comer.

Uno de los principales motivos que tenían los conspiradores para querer dar muerte a Julio César era recuperar las facilidades que en tiempo de los nobles se ofrecían para hacer una brillante carrera política, pues, ahora, el poder absoluto residía en una sola persona, y todos los demás, sin importar su capacidad, se encontraban bajo su sombra. Además, Julio César no había restaurado la República como se esperaba, como lo había hecho Sila, quien después de haber restaurado el orden y la República, se retiró a la vida privada.

Se había fijado como fecha para el atentado el día 15 de marzo, por lo que todos los conspiradores deberían de portar una daga bajo sus blancas túnicas. El asesinato debía llevarse a cabo frente a la asamblea de la República para reafirmar su carácter patriótico. La noche anterior al atentado, Julio César había estado conversando con unos amigos acerca de su próximo viaje a Siria y éstos le preguntaron sobre la forma en que deseaba morir, a lo que contestó con la frialdad que le caracterizaba, "improvisaré". Esa misma mañana había abdicado a su cuarta dictadura para poder aceptar la dictadura vitalicia, y además nombró a su hijo adoptivo Octaviano como su sucesor en caso de que la desgracia lo acompañase en Siria.

La noche del 14 de marzo, Julio César no puede conciliar el sueño, se siente inquieto, además, un fuerte viento ha abierto de par en par las puertas de su casa. Ese día no ha visto a Cleopatra, está con Calpurnia, su esposa, quien tiene un espantoso sueño en el que César aparece moribundo entre sus brazos. A la mañana siguiente se siente más cansado que de costumbre pues ha pasado una noche bastante difícil. Su esposa le suplica que no acuda al Senado y a punto de desistir, Décimo Bruto, uno de los miembros de la conjura, lo convence para que asista.

Aquella mañana de los *Idus* de marzo se discutiría en el Senado el título con el cual Julio César debería marchar al frente de las tropas romanas en Siria, pero esto era precisamente lo que los conspiradores querían evitar. Julio César se sentía cansado y desgastado, en parte por la dura vida de batallas que había llevado y en parte por la epilepsia que sufría. En esa época, esta enfermedad tenía carácter de sagrado.

Mientas caminaba hacia el Senado, César recibió de manos de un ciudadano un pliego de papel donde le decían todo lo que iba a suceder, pero él no lo abrió. También se encontró con Artemidoro, un adivino que le había advertido con anterioridad que se cuidara de los días de plenilunio.

Había llegado a la Curia, a donde entró sin imaginarse lo que iba a suceder; Marco Antonio le seguía, era su fiel compañero, pero esa mañana habría de ser alejado del lugar por uno de los conspiradores con algún falso pretexto. César llegó a la sala y todos los senadores se pusieron de pie en señal de respeto, mientras los conjurados se le acercaron fingiendo pedirle que regresara del destierro al hermano de Metelo Cimbro. César hizo un gesto con la mano dando a entender que dejaría el asunto para otra ocasión, pero Cimbro le jaló la toga dejando su cuello descubierto: esa era la señal acordada. Entonces, rápidamente, Casca lo hirió en el cuello con la primera puñalada. César intentaría sacar su espada para defenderse, pero en cuanto quiso levantarse sintió el segundo golpe.

Se cuenta que en el momento del ataque tuvo la oportunidad de defenderse, pero al ver el rostro de Bruto entre los asesinos, no opuso resistencia alguna, tan sólo se tapó el rostro con su toga y cayó apuñalado a los pies de la estatua de Pompeyo. También se dice que al ver el rostro de Bruto dijo: "También tú, hijo mío". En total le asestaron veintitrés puñaladas.

Tras el sangriento ataque, los conspiradores salieron huyendo, mientras el César se quedó inmóvil ante la estatua de Pompeyo. Unos minutos después, uno de sus colaboradores lo levantó y lo recostó en una litera de la que le colgaba un brazo. Acto seguido lo llevó a su casa.

Los terrores de Cleopatra se han cumplido. Ella conoce y mide todo el horror del hecho, que no la sorprende, pero la sobrecoge. El peligro se cierne ahora sobre Cesarión, sobre ella misma. ¿A quien podría dirigirse en demanda de protección y ayuda? Sólo se confiaría a Antonio, que a su vez se encuentra en peligro. Es una alianza tácita, silenciosa, a vida y muerte.

3

Marco Antonio y Cleopatra

El testamento de César

espués de la muerte de César, Cleopatra permaneció todavía un largo mes en Roma. Le bastó ese tiempo para enterarse que el heredero de César es Octavio, su sobrino e hijo adoptivo, quien se apresuró a regresar de Atenas, donde hacía sus estudios.

Este mozo de diecinueve años, dotado de hermosos rasgos, pero pequeño y de apariencia tímida, era el rival de Marco Antonio —que a la muerte de César fue, por unos días, dueño de Roma—, era el rival del pequeño César, hijo del gran César, hijo de la reina. Era evidente que, desde el primer momento, le estorbaban a Octavio el amigo, la mujer y el niño. El único en el que podía confiar la reina era en Marco Antonio, cuyos intereses coincidían con los suyos.

El hecho de que Antonio encontrara el modo de extraer del peligro que lo rodeaba una posibilidad inesperada, se lo debió a Fulvia, su mujer, cuyo espíritu incansable e inventivo encontró por fin el campo en donde desarrollar su audaz juego por largos años, hasta su muerte.

En el primer desconcierto, duplicado por la falta de previsión de los conspiradores, sucedió un solo hecho: Antonio, que huyó de la sala del crimen hacia su quinta, invitó la noche siguiente a comer al asesino Casio. Bruto comió con Lépido, otro amigo de César. Antonio aparentó estar de acuerdo con todo lo sucedido y con todo lo que querían los conspiradores. Podía hacerlo porque estaba en posesión de un medio del que nadie más disponía. La noche del día del crimen, acompañado de un par de esclavos, robó la casa de César y se hizo dar papeles y dinero de la viuda para ponerlos a salvo, como a ella le aseguró. Luego se fue rápidamente al templo de Ope y se llevó el tesoro del Estado, evaluado en 25 millones de francos oro. Los testigos, espantados de sus actos y desorientados, no conservaron en sus manos otra cosa que su propia libertad.

Entre los papeles de Julio César estaba el testamento. Cuando Antonio lo leyó, mandó llamar a la reina con un mensajero. Las calles estaban iluminadas por antorchas pero en la atmósfera prevalecía el temor y el miedo; las puertas crujían o se cerraban rápidamente; nadie sabía qué puñal lo esperaba detrás de alguna esquina; seguramente fue la amazona griega la única mujer que se atrevió a cruzar las calles de Roma en aquella trágica noche. Apenas llegó a la casa de Antonio, leyó el papel: "los herederos de la fortuna de César eran tres de sus sobrinos. De éstos, a Octavio, el mayor —a quien había adoptado en el año 45—, le tocaban tres cuartas partes. En caso de que alguno de los sobrinos muriera, su parte recaerá sobre Décimo Bruto". El papel decía también que si a César le nacía un hijo después de su muerte, serían curadores varios de sus amigos, todos los cuales estaban en la lista de sus asesinos; que los jardines del otro lado del Tíber, incluso el palacio habitado por la reina, pertenecían al pueblo romano; que cada habitante de Roma debía recibir 300 sestercios; que Octavio debía ser adoptado como hijo del Estado.

Estaban ahí, frente a frente, el amigo de César y la mujer egipcia del muerto, y no habían sido considerados en el testamento. Pero en ese momento no tenían tiempo para analizar el documento a fondo y concluir si el olvido se debió a maldad del testador o a su deseo de protegerlos. Solo sintieron amargura e ironía al ver los premios con que honraba a varios de los conjurados. El único acuerdo que había que eliminar era el último: el referente a Octavio. ¿Por qué no destruyeron el papel aquella noche haciendo otro y sellándolo enseguida? En secreto, un escribano de confianza de Fulvia falsificó en la semana siguiente cientos de documentos dejados por César, con ayuda de los cuales creó Antonio acuerdos senatoriales, amnistías, cartas de deudas, amortizaciones, y deshizo fortunas, asegurando la de él de buena forma. Era imposible que no hubieran reconocido la ventaja que significaba para un Octavio de diecisiete años quedar en medio de un partido leal y decidido. Parece que fue el miedo y el respeto a la firma de César, lo que influyó entre los tres seres que una noche después de su muerte no se atrevieran a modificar la última de sus disposiciones.

Marco Antonio mostró a varios de los conspiradores, a quienes había invitado a su mesa en una de las noches siguientes —tan hábil era Fulvia— el auténtico testamento recibiendo la aprobación de ellos —tan tontos eran Bruto y Casio— para leerlo al pueblo en la gran ceremonia de los funerales. Allá se despertó, con la sola frase de que cada romano era heredero del muerto, el odio a los asesinos de César, y se hizo a la vez la historia de los años siguientes.

Cleopatra se obligó a pensar solamente en Cesarión. El sueño había terminado: esto tal vez la impresionara en los primeros minutos. Pero la valiosa prenda de muerto, el niño, vivía y había que prepararle inmediatamente, a la muerte de su padre, el camino, aun cuando no tenía otra cosa que la fantástica atracción de descender de la sangre de César. ¿Sería Marco Antonio su rival? Al mirar a Fulvia no podía dejar de odiarla. Pero al principio, ambas fueron rivales del pálido Octavio, que a la sazón se encontraba en Apolonia, agregado a algunas legiones que César había avanzado hacia Grecia, rodeado de sus profesores, que lo querían seguir cultivando como filósofo, mientras a la vez era un oficial menor, tal como a César le gustaba. Si hubiera estado en su país, Cleopatra habría mandado inmediatamente un mensajero para matarlo en el camino. La historia del mundo hubiera sido distinta.

De momento, Cleopatra y Marco Antonio acordaron combatirlo. La reina necesitaba a Antonio para legitimar a Cesarión; Antonio necesitaba al niño para gobernar diecisiete años por él.

Así, pues, en la noche después de la muerte de César, se formó una alianza silenciosa entre el amigo y la amiga, entre Antonio y Cleopatra, y tal vez por algunos segundos pensara ella en aquella tarde veraniega y feliz en que César le llevó al hombre de su confianza. Esta vez dormían aún hondos sentimientos entre dos seres cuando ella le tendió la mano al despedirse y él dispuso que unos cuantos soldados la acompañaran hasta su casa y protegieran su solitaria villa.

Cuando a los pocos días y gracias a la habilidad de Fulvia, la situación de Antonio se había afianzado poderosamente y había sido designado cónsul, se presentó al Senado con la comunicación de que César había reconocido como su hijo legítimo al hijo de la reina de Egipto, aportando el testimonio de Opius, el poderoso consejero financiero del muerto. Con ello había aliado a la existencia del niño todo lo que pensaba hacer civil y militarmente, pues sin más trámite gobernaría con todo el poder, trasformado en su curador (administrador de los bienes de un menor). Era su golpe maestro. Nadie se opuso ni nadie habló de Octavio.

Pero éste llegó. A la noticia de la muerte de César corrió hacia Roma y a las pocas semanas estuvo frente a la puerta de Antonio, es decir, estuvo en la antesala, porque éste le hizo esperar. Cuando Octavio, con su voz suave y esquiva, le declaró que entraba en posesión de la herencia de César y le exigía todo el dinero y los documentos que como tal le correspondían, encontró en su enemigo, que lo doblaba en edad, como una especie de general que le hablara a un teniente. ¿Cómo puede imaginar que un muchacho fuese el heredero de César? Y luego, así lo dice Apiano, el historiador griego del siglo II, en su *Historia de Roma*: "lo dejó de pie y abandonó la sala".

Tremendo error que Marco Antonio tendría que pagar.

Octavio visitó también a la reina antes de su partida. Ella sabía que su hijo era su rival, pero sus fríos y bellos ojos buscaron en sí misma una opinión de él, y Octavio se dio cuenta que examinaba alguna relación lejana con la sangre de César. Sólo con satisfacción comprobó la otra sangre en él, la del que nombró en silencio el usurero Valletri.

Todo estaba revuelto en Roma cuando Cleopatra decidió partir. A mediados de abril embarcó en Ostia con el niño y con su corte. Dijo adiós para siempre a la costa itálica. "¿Volvería a pisarla su hijo algún día?" —se preguntaba. Numerosas razones la llamaban a su tierra. La inseguridad del niño que empezaba a interponerse en el camino de algunos, las miradas sentenciosas y duras de los que murmuraban que el jardín y la villa en que vivían eran bienes del pueblo romano; y, más que nada, las inquietudes que podrían gestarse entre sus enemigos de Egipto después de haber caído el hombre poderoso sobre el cual había construido el futuro de su pueblo.

En una mañana de mediados de abril estaba la reina sobre la cubierta de su buque mirando cuanto era posible la verde línea de la costa itálica. En su espíritu se levantó la escena del último momento, cuando el cadáver de César estaba tendido en la ceremonia funeral. Vio, una vez más, levantarse a la muchedumbre, y en vez de llevarlo a cremar al Campo de Marte, a la voz de un desconocido formaron una pira de madera allí mismo; soldados y marineros, burgueses y niños acarrearon todo lo que era combustible; rompieron ellos sus vestiduras, las mujeres sus adornos, los hombres sus armas, los músicos sus instrumentos; todo, todo lo sacrificaron al héroe cuya alma querían divinizar.

"Nunca se formó una pira tan grandiosa por voluntad de un pueblo" —dicen los cronistas y poetas de esa época.

Cleopatra vuelve a Egipto

Con silenciosa apatía esperaban a su reina los grandes en Alejandría; dos años estuvo fuera de su patria para hacer un tratado con Roma. ¿Dónde estaba aquel tratado con sus solemnes sellos? ¿Qué habían prometido a Egipto el Senado y el pueblo romanos? El caos agitaba a la República poderosa, el hombre sobre el cual se había depositado la felicidad de su pueblo estaba muerto, y el hijo estaba sin el padre que lo había engendrado. El pueblo amenazaba. ¿No destruirían los conspiradores toda la política de César si conservaban el poder? ¿Qué sería entonces de Egipto?

Cleopatra supo desarmar los cuidados de sus ministros y las acusaciones de sus enemigos, mediante números que comprobaban que el comercio de Egipto con Roma había alcanzado valores incomparables en los dos últimos años. Habló de la legitimación de Cesarión ante el Senado hecha por Antonio, y cuando encontraba silencios escépticos, les preguntaba impaciente cuál otro heredero Tolomeo tenían *in peto*, porque el último sobreviviente, Arsínoe, la prisionera de César, había desaparecido en la agitación de las últimas semanas, sin que nadie supiera a dónde había ido. Y como todo el mundo había ganado tanto con Roma, no pudo luego despejar las dudas sobre el futuro de las calles de su capital. Ella misma estaba llena de dudas. Cuando vio las magníficas cúpulas del palacio, se asustó de su soledad. Allí había visto a su padre sobrio y embriagado, gobernando y tocando la flauta, dos hermanos y dos hermanas crecieron con ella entre aquellas murallas, y aunque existía mucho odio y disputas siempre hubo contacto. Allí, en la gran mesa, estuvo Antonio, hacía once años, en la fiesta de su padre. Luego había estado César sobre los mismos cojines, cuando surgió del tapiz. ¿Era posible que sólo hubieran pasado cuatro años desde que lo vio por primera vez?

Cleopatra se sentía sola, abandonada, en su país. No era a Roma a quien echaba de menos. La sociedad romana, sobre todo sus mujeres, nunca la habían aceptado; además le fastidiaban las formas de la República. Era la primera pérdida la que reducía su existencia, el primer golpe del destino respecto al poder. El hombre ante quien ella se inclinó, que fue a la vez padre y maestro, amante y hermano, era César. Su naturaleza ingenua y sensual le dijo que necesitaba un hombre a su lado; pero cuando revisó su corte donde sí había algunos hombres jóvenes y elegantes, le pareció ridículo buscarse un sucesor de César. Ya encontraría un esclavo joven, al cual fácilmente se podría silenciar si hablaba demasiado.

Por lo pronto llegaban de Roma correos, espías, agentes y usureros que le traían una enorme cadena de sucesos de los cuales dependía su destino y el de su tierra: en todo el Mediterráneo no había nadie tan bien provista de noticias como la reina de Egipto. Mientras sus súbditos se esforzaban por enviar empresas y productos hacia Roma y desde allá no traían casi otra cosa que oro, ella no mandaba nada, pero estaba ansiosa por conocer las luchas y los hechos de los otros, porque de la lucha de las fuerzas romanas pensaba sacar provecho, y sólo del desorden de las cien noticias podía sacar la posible verdad, y de ella la manera de proceder.

Le traían noticias de los últimos acontecimientos en Roma, donde estaba Servilia, la vieja querida de César, que era otra Niobe, simbolizando en su familia la guerra civil; tenía un hijo y un yerno en los cuarteles de los vengadores de César, un segundo yerno con los conjurados y también a su Bruto. Así peleaban dos de sus hijos entre sí, cada uno en un falso partido. Pero más que nada, los agentes investigaban los movimientos de aquella Fulvia, cuyo odio y deseos de dominar podían inflamarse nuevamente en su nueva situación de grandeza. Con la muerte de César, aquel mismo día empezó su gran juego porque a ella correspondía robar de la vida generosa de Antonio los placeres, para reemplazarlos por el deseo de dominar; para ser del segundo el primero. Ante todo conquistó para ello a su hermano Lucio y juntos iniciaron un esfuerzo definitivo hacia un objetivo determinado en la vida de Antonio, hasta entonces blanda y jovial, objetivo que la presencia de su jefe había ocultado entonces.

Dicen los cronistas de la época que no era que Marco Antonio despreciara su valor. A su manera militar, escupía sobre el joven Octavio, y ni él ni Lépido le habían podido imponer ni siquiera la menor de las órdenes. Los conjurados parecían estar ahí exclusivamente para desorganizarlos y después vencerlos. En todo lo que abarcaba la vista, no había nadie sobre él. Pero de ahí hasta la acción de carácter histórico mundial, había mucha distancia: a este Dionisio llamado Antonio le faltaba la fuerza de Zeus para iluminar el espacio con visiones. Allí estaba el impulso masculino de Fulvia, que le hacía despreciable el placer haciendo que el dios del vino le mostrara vacío el trono del padre de los dioses. Bajo su espuela despertó repentinamente Antonio: le bastaba imitar a César para parecérsele.

Las noticias que recibió Cleopatra acerca de los movimientos autocráticos de Fulvia, la inquietaron; pronto sus instintos femeninos comprendieron el peligro para Antonio y, con ello, para ella misma. Su sueño de juventud había sido siempre no vivir contra Roma sino con Roma, aun después de sus sueños extinguidos. La reina esperaba un Antonio como Cónsul y como General en contra de los conjurados; pero aquel Antonio que empezaba a levantarse a la manera de César, que se lanzaba a aventuras mundiales y que hacía de dictador antes de alcanzar una sola victoria, era un peligro, y antes que para nadie, era un peligro para ella. Una Fulvia poderosa lo alejaría de todas las mujeres, como antes lo había intentado, y seguramente conservaría para ella, la especial desconfianza con que ella misma había mirado a la romana. No era sólido fundamento de amistad el hecho de que ambas odiaran a Octavio. Esta Fulvia, que con veinte años había sido dos veces viuda, que no era mayor que la egipcia, pero que había sido agotada por la perversidad de sus dos primeros esposos, se sentía rival de Cleopatra en naturaleza y experiencia, y manifestaba estar en franca enemistad y total oposición hacia la reina. ¿Acaso esta mujer no haría todo lo posible para hacer a su esposo dictador, y de su hijo un mejor sucesor de César que el lejano Cesarión? Cleopatra intuía que "Fulvia haría a la vieja Calpurnia sin hijos la viuda de César, para eliminar por completo a la reina de Egipto y a su hijo, ya que ésta podía hasta seducir a su marido". Y cuando veía en Antonio su único amigo en Roma, comprendió que la esposa de él era su futuro enemigo.

Todas las noticias hablaban de la influencia decisiva de Fulvia. La facilidad con que a lo largo de muchos meses aparecieron nuevos papeles con el sello y la firma de César, debía haber reunido a quienes engañaba con ello, aun cuando no debiera hablar alto. Aquel secreto escribano fabricaba amnistías y deportaciones póstumas ordenadas por César y todo terminaba en dinero, como si los derechos y las resoluciones se vendieran en subasta. El tesoro de César, de veinticinco millones de francos oro, alcanzó exactamente para que Antonio pagara sus deudas y para comprar con mano generosa todo lo que podría servirle para afirmar su poder, y sin embargo, no pudo conservar el dominio del poder, fue hostilizado, cercado y, por último, derrotado por los cónsules que estaban medio unidos a los conjurados de Módena. Marco Antonio tuvo que huir de Italia mientras su mujer era denunciada en Roma por Cicerón, como mentirosa y corrupta en un despiadado discurso. Porque Cicerón, el eterno veleta, el día de la muerte de César escribió que sólo sentía no haber sido invitado a aquel festín de los dioses, y se inclinó cuatro semanas más tarde ante Antonio, en cartas patéticas para descubrir al poco tiempo cuán grande era el genio del joven Octavio comparado con el de aquél. Y como su espiritualidad quería invariablemente materializarse, faltándole la ingenua brutalidad de reconocer los hechos, perdió Cicerón, al fin mismo de sus días, si no su genio, por lo menos su fama y respeto.

Cleopatra, en cambio, no dejó decaer su espíritu, ni ante las noticias más malas. Su naturaleza instintiva estaba protegida de las vibraciones del cerebro por una pasión que era de orden físico, ya que se llamaba César o Cesarión. Su enemigo en Roma, en el mundo entero, era sólo Octavio, ese otro "Cesáreo". Esto lo había reconocido antes del asesinado, y en ello se aferró hasta su muerte, catorce años más tarde. A la vez, creció su simpatía por Antonio y por su destino, y creció tanto como la enemistad de éste hacia Octavio. En el periodo de amistad de ambos hombres, se diluía ante ella hasta la figura de Antonio.

¿Cómo le gustaba el Antonio derrotado —según los informes—, cuando visitó en su fuga, a través de los Alpes, las legiones de su viejo amigo Lépido, a quien ayudó ante César; aquel Antonio que, vestido de negro y con las barbas en desorden, hizo ante los soldados el papel de cesariano perseguido por el mundo malo, sólo separado de ellos por un arroyo, en donde todos le conocían y todos lo querían, tratando de conquistarlos en forma tan intensa que Lépido hubo de hacer tocar las trompetas para acallarlo? ¿Y cuando Fulvia dijo su discurso en la plaza pública para acusar a Octavio y preguntar cómo éste, el heredero de César, no vengaba su muerte, cómo no pagaba al pueblo el legado que le había dejado el dictador, y cómo, en lugar de esto, perseguía a Antonio?... Ante tales informes, y por algunos instantes, admiraba a Fulvia, a pesar de tantas mentiras y falsedades. Todo en Roma era mentira: como cuando los cuatro partidos se seducían mutuamente para luego tratar de alejarse unos a otros del poder; cómo el patético Cicerón anunciaba una sexta guerra civil, a pesar de que para él ninguna de las cinco guerras pasadas resultó desagradable; cómo Octavio, el joven heredero, abrió las puertas de la casa de César para agradar al pueblo, a ese pueblo que odiaba, sin dejar por eso de tener la mano sobre el dinero heredado, tal como su abuelo el usurero; cómo rondaban todos alrededor de los poderosos veteranos para comprarles su brazo y su espada. Todo esto entretenía y alegraba a la lectora y auditora de Egipto.

Cuando algunas semanas más tarde, Cleopatra recibió una carta sobre los deseos que manifestaban precisamente aquellos legionarios, en el sentido que los sucesores se avinieran unos con otros, palideció. ¿Qué le quedaría a ella, que se sentía eternamente alejada de los asesinos de César, cuando los vengadores se unieran a su hijo preferido? Y en realidad así sucedió medio año después de la derrota y de la deportación de Antonio. En el Norte se encontraban los enemigos de siempre con Lépido, para constituir un nuevo triunvirato. La antigua unión celebrada hacía catorce años, entre César y sus rivales Pompeyo y Craso, daba un ejemplo de los recelos e intrigas de los triunviros induciéndolos a ganarles tiempo a los otros, a engañarse mutuamente mediante tratados ficticios, para terminar combatiendo abiertamente. Eran espectáculos para sus súbditos que eran lo suficientemente buenos para pagar con sangre y con oro las ansias de poder de sus dictadores.

Pero entonces la situación era muy diferente. En lugar de César estaba un sobrino raquítico y en lugar del gran señor Pompeyo, un despreciable comandante. Y sin embargo, cada uno de los tres, con el interés de despertar el antiguo nombre que los unió, se presentaban como defensores del futuro César; treinta años después, sus contemporáneos empezaron a creer que jamás había habido otro César.

Dicen que cuando recibió en Alejandría la noticia de la formación del triunvirato, Cleopatra lloró amargamente.

Su espía le contó cómo se reunían los ejércitos en las cercanías de Bolonia, a orillas del río, para ser testigos y responsables del acto; cómo Lépido se fue a una pequeña isla desde donde saludaba a ambos lados; cómo Antonio y Octavio se hicieron llevar en botes hacia allá, a la vista y entre el aplauso de las cohortes entusiasmadas, sin dejar de observar si también el otro iba sin armas. Sí. Los soldados que aún creían en las alianzas mediante parentescos, exigían a los reconciliados un matrimonio inmediato: Octavio debía casarse con la hija de Fulvia, nacida del primer matrimonio, la cual no podía tener más de ocho o nueve años; y Fulvia, que siempre había esperado algo de la raquítica salud de Octavio y que tanto tiempo rogara por su muerte, tendría que abrazarlo como su yerno a los veintiséis años de edad. Seguramente él, con veinte años, pensaba cuánto mejor sería abrazarla como mujer.

En Cleopatra nació una débil esperanza de tal matrimonio, sólo como consecuencia contraria de estos sucesos: le bastaba imaginarse a los tres hombres en la isla para ver cuán corta sería la amistad: El oportunista y colérico Lépido, que fue dejado luego con su tranquilidad; el ambicioso y audaz Antonio y el débil Octavio, que oscilaba entre tendencias viciosas y falsas abstinencias, nervioso y enfermizo, miedoso y, por lo tanto, cruel. Y estos tres hombres, los tres bajo el imperio de Fulvia, sometidos a sus ocurrencias y a su voluntad, se repartían el reino de César "como si fuera la herencia paterna".

La enorme lista que habían redactado los tres hombres con los nombres de los dos mil enemigos más ricos que debían ser ajusticiados, no podía espantar a Cleopatra. Seguramente le agradó oír el fin de Cicerón, saber cómo los soldados le cortaron la cabeza con lujo de perversidad, pero le pareció despreciable que Fulvia atravesara con una aguja la lengua del muerto. Dicen que se regocijó al saber cómo todos huyeron, cómo hubo senadores que se disfrazaron de esclavos y limpiaban los retretes para poder escapar, cómo algunos distribuyeron su dinero para no dejar nada a los soldados, o cómo las mujeres trataban de incluir a sus odiados esposos en las listas; todo esto supo Cleopatra a través de las noticias romanas. También es posible que se haya asqueado de todas estas cosas cuando, en lugar de brillantes deseos de venganza, reconocía sólo como único motivo el robo y el ansia de dinero, y al ver cómo, tras todas estas muertes, aparecían las cabezas plebeyas de los doscientos mil soldados cuyas fuerzas necesitaban para poder gobernar.

A la reina le informaron que Fulvia había visto caer infinidad de cabezas enemigas. Le narraron cómo un vecino rico de nombre Rufo, que antes había negado su casa a Fulvia, hubo de experimentar los rigores del poder, y cuando Antonio recibió su cabeza en una fiesta, declaró no conocerla, diciendo que tal vez este fuera un asunto de su esposa, ante lo cual ésta la tomó y la plantó frente a la casa por cuya posesión la había cortado. Su poder creció cuando gobernó con Lépido, mientras los otros miembros del triunvirato se dirigieron a Grecia a vencer, por fin, a los asesinos de César.

En estas tierras, que pronto conmovieron a todo el país, debió también Cleopatra de tomar partido en su lejana tierra. Su corazón conocía sólo uno; pero cuando la guerra por la herencia de César llegó hasta las costas africanas, sus intereses peligraron. La reina se preguntaba que podría hacer si el asesino de César, Casio, que estaba en Siria con ocho legiones, se resolvía a extraer de Egipto tanto dinero como hacía cinco años había sacado César. En el partido opuesto había alguien no muy lejos para protegerla, pero éste era Dolabella, que si bien era enemigo de los conjurados, a la vez era enemigo de Marco Antonio. A su petición de auxilio le envió a las cuatro legiones que había dejado César en Alejandría para defender los intereses de Roma. El hombre que fue a buscarlas se perdió o cayó prisionero de Casio; lo cierto es que los doce mil soldados romanos que estaban bajo las órdenes de la reina de Egipto quedaron prisioneros del asesino de César.

Ante tal situación, Cleopatra debía temer la proximidad de sus enemigos. Le llegaban órdenes de Casio para que le mandara buques, y su gobernador de Chipre le obedeció. Se apresuró a reorganizar y a robustecer su flota, pero, ¿quién protegía a Egipto, quién a la indefensa Alejandría cuando Casio anduviera el viejo camino del desierto de Siria, que fue recorrido desde siglos por los conquistadores de Egipto, incluso por el mismo Alejandro? La reina recordaba aún la mirada que sorprendió en Casio, al otro lado del Tíber, midiéndola a ella que valía a la vez para César, su amigo.

El Nilo había bajado más que nunca, el hambre llegaba como consecuencia y la peste había devastado a la capital. Su respuesta a Casio fue sólo un recurso para ganar un poco de tiempo. Pero parecía que los dioses no favorecían a los asesinos de César. Justamente cuando la presionaba, Casio fue llamado por hábiles mensajeros de Bruto hacia Macedonia, porque allá se preparaba la batalla definitiva contra el triunvirato. ¿Quién saldría vencedor? Cleopatra no sabía quién era el más fuerte ni el mejor general.

En realidad, la batalla en Filipos era incierta. Allí se enfrentaron dos generales, uno de nervios más débiles que el otro: Bruto, que por fatal impaciencia atacó demasiado pronto, venció a Octavio, que de miedo se ocultó: Bruto habría ganado toda la batalla si con la misma energía hubiese ayudado al ejército de Casio, que por su parte había sido derrotado por Antonio. Sólo después pudo Antonio ganar la batalla contra su derrotado amigo Octavio y contra su enemigo vencedor. Sus enemigos, derrotados, cayeron por su propia mano. Bruto y Casio, que había tenido la osadía de apuñalar a César, se suicidaron.

Una vez más, a la luz de estas noticias coincidieron los sentimientos de Fulvia y de Cleopatra; ambas se admiraron y rabiaron por la corrección de Antonio que tuvo la oportunidad de eliminar sin más trámites a Octavio. Pero de ambas mujeres, sólo una fue la que comprendió el momento en que Bruto, con la misma mano y con la misma daga con que mató a César, se matara a sí mismo. Este suicidio, al que siguieron docenas de suicidios de los otros conjurados, inculcaba en Cleopatra el auténtico sentido de la venganza. "En ellos hablaba la voz de los dioses" —diría.

Marco Antonio

Habían transcurrido tres años desde la muerte de César y medio año después de la batalla de Filipos. Marco Antonio era, ante todo, un soldado, casi soldado de fortuna. Diecisiete legiones de infantería y diez mil jinetes cumplen sus órdenes, además de las seis legiones dejadas en la Galia; aunque a regañadientes, Octavio comprende que no es prudente enemistarse con él. Pero le envía a las provincias de Oriente, después de que ha vencido en Filipos (año 42 a.C.) a los asesinos de César. Entre las misiones que lleva a Oriente Marco Antonio está la de entrevistarse con Cleopatra.

Un día desembarca en Alejandría un romano extraordinariamente elegante, desconocido hasta entonces de la reina, impenetrable, medio filósofo y medio villano. Se llamaba Delio y era un enviado de Antonio.

En la partición del Imperio Romano entre el triunvirato, Antonio había escogido el Oriente; allá le llamaba su naturaleza, que tanto tenía de griega, y los recuerdos de la juventud; por lo demás, era la herencia de César. No es que anhelara de manera inmediata la conquista de Persia; para ello no era lo suficientemente alejandrino. Pero conservaba los papeles de César rescatados la noche del crimen; una serie de noticias, números, cartas geográficas, croquis que un general esboza antes de su campaña; nombres de puertos y de rutas, números de caballos y de bueyes, cálculos de forrajes: todo esto, en desorden, era más atractivo para el sucesor. Este patrimonio extraordinario, que estaba sólo en su exclusivo poder, obró con fuerza extraordinaria en el corazón del heredero ambicioso, como si fuera un ejemplo a la vez que una amenaza. Antonio pensaba: "Algún día los voy a utilizar". Pero primero quería apoderarse de la costa sudeste de Asia, las islas y las penínsulas de su juventud. Hacia allá le llevaba su ser, no habría de sufrir los bárbaros fríos de Galia, y aun resonaba en sus oídos la queja de César por haber perdido tanto tiempo en el Norte. Allá le atraían tesoros incalculables: bellas esclavas y el más dulce de los vinos.

Comprobó, admirado, que allá también había princesas. Los pequeños reyes de Copadocia y de Frigia se esforzaban en superarse en los banquetes y en las atenciones al capitán romano y aun hubo uno que tuvo que esperar fuera de su tienda de campaña. Un momento digno de vivirse fue cuando le quitó a la reina el velo que la cubría y empezó la fiesta en regla. Así pasó Marco Antonio por las islas griegas, y como ya no quedaban enemigos romanos ni extraños, pudo entre él y su ejército crear un mundo propio, en que los bailarines y comediantes tocaban arpas y flautas.

En tal estado de espíritu se encontraba cuando le disgustó la comparación entre estas mujeres y la querida de César, y cuando decidió ser, no el segundo sino el primero, como el otro. Pero las condiciones eran distintas: ¡ella le había enviado cuatro legiones a Casio! Cierto o no, la verdad era que estas tropas habían causado muchas muertes entre sus soldados, y ella tenía la culpa.

Dado el respeto que sentía por ella, Antonio optó por enviar un galante emisario que buscara un recurso que quedara entre el requerimiento y la invitación. Delio, tan pronto como se presentó ante la reina, se dio cuenta de todo el esplendor que allí había, entornó los ojos y pronunció sonriendo un verso de la *Ilíada*, con variaciones.

Cleopatra sonrió y lo invitó a acercarse. Llegaron varias cartas; no dijo ella ni sí ni no, pero demostró, con la presencia soberana, que a lo sumo miraba el viaje como de placer, si fuese a visitar al triunvirato, y por lo demás lo pensaría en todo caso. Otra vez, como siete años antes, cuando la llamó César, reflexionó en su soledad acerca de su situación, esta vez no bajo la miserable tienda de la orilla del desierto, sino en su frío palacio de Alejandría. Así, pues, la reina de Egipto decidió emprender un viaje acudiendo al llamamiento de Antonio. Reunió para sentirse reina oro y esclavos, piedras y adornos, una colección de objetos caseros que acumuló en cientos de cajones que fueron llevados sobre los cobrizos hombros de sus esclavos desde las gradas del palacio hasta el puerto. Doce trirremes se fueron con ella, y los autores antiguos amontonaron nombres y cuadros llenos de arte para describir lo que la reina reunió y llevó en su viaje hacia Taso.

En su ruta rumbo al Asia Menor, Cleopatra hizo desfilar una vez más ante su mente lo que podía esperar de este segundo romano. Después de todo, lo que pudo saber por César, por los enemigos y después por sus agentes, era que Antonio había sido bueno y leal con su madre, pero tan irresponsable como su padre. No aprendió mucho; no había tenido estudios atenienses; prefirió las aventuras de Siria como capitán de caballería; así había llegado a la real mesa de su padre Auletes, en aquel entonces, cuando lanzó aquella mirada extraordinariamente seria sobre la muchacha de catorce años. Sólo después, mucho más tarde, a los treinta, había sido descubierto por César.

Si Julio César lo requirió y luego lo hizo su hombre de confianza fue porque sabía que pisaba tierra firme. Era inútil buscar celos entre ellos; no había lealtad como la suya, y unía a este afecto el talento y el valor. Todo esto parecía a Cleopatra extraordinario, y la resolución con que habló de los vengadores en la noche del asesinato, se grabó profundamente en su espíritu en contradicción con las indecisiones que manifestó Octavio, el heredero elegido y vengador, que coqueteaba con Cicerón y con otros enemigos de César.

Durante la travesía, Cleopatra reconstruía el retrato de Antonio tal como lo había visto en Roma, en los funerales de César. Tenía algo de comediante como consecuencia de sus relaciones con los artistas. Recuerda como, en los discursos de las exequias, levantaba y bajaba la voz con tonos teatrales; con que talento circense inauguró la estatua de cera del muerto, en la que se señalaban las veintitrés heridas, hasta que, como un acto más solemne, extendió la toga sangrienta. Y sin embargo, sus lágrimas eran auténticas porque amaba a César.

También recordaba el tiempo aquel, cuando después de reconciliarse con César, el capitán pudo regresar a Roma donde se decía que César había muerto, y que lo que se anunciaba era un ejército enemigo. Se disfrazó de esclavo, se colocó sobre la cabeza un paño de funeral que le cubría el rostro y llegó hasta su esposa —todo esto lo contaba la misma Fulvia—, "con una carta de Antonio"; Fulvia gritó: "¿Está vivo?" Entonces Antonio señaló tristemente la carta, ella la abrió y leyó la promesa de Antonio de no dormir más con la bella Citeria. Luego rompió el paño y corrió tras ella alrededor de la pieza.

En otra ocasión regaló a un amigo medio millón de sestercios, y cuando el mañoso administrador colocó ante su patrón el dinero en oro, con un reproche en la voz dijo Antonio: "¿Tan poco? Ve y tráele inmediatamente el doble".

En cuanto a las mujeres, Antonio estaba completamente seguro de Fulvia. Sabía hacerse proteger con la influencia de aquella mujer que le defendía además de otras mujeres; mientras ella estuvo cerca, Cleopatra se preguntaba cuánto tiempo duraría a la distancia aquella sujeción. Luego vino a su mente otra vez el odio de Fulvia hacia Octavio; éste era el punto en que los tres coincidían. Si hubiese sido posible sacar a Antonio de su generosa tranquilidad y llevarlo a un ambiente guerrero, se hubiera podido lograr de él lo que se hubiese querido. Esto lo sabía Fulvia desde hacía tiempo, y el espíritu investigador de almas de Plutarco lo reconoció cien años más tarde cuando dijo: "Antonio tenía la experiencia de dominar a las mujeres antes de caer en las manos de Cleopatra. Y había que agradecérselo a Fulvia que se lo entregó a su sucesora manso y obediente".

El encuentro

Cleopatra había salido al encuentro de Marco Antonio sin pérdida de tiempo. En el río Cidno se presentó ante él en su papel de Afrodita-Isis y lo invita a bordo. La nave de Cleopatra tiene velas de color púrpura, remos de plata y piso de pétalos de flores. Ésta es la historia:

Estamos en Tarso, que aún florece en el golfo de Alejandreta, frente a la isla de Chipre, cerca de la antigua Antioquia. Desde este punto partieron todos los ejércitos de la base siria que querían reconquistar las tierras del Asia interior —Armenia, Media y Persia—, que anteriormente se llamaba la tierra de Partia. Tarso está al final de los cerros que avanzan al interior, y el que llega por mar tiene que navegar por el Kydnos, un pequeño río lleno de papiros. Luego se ensancha el río hasta convertirse en un lago que aumenta la idílica belleza de la ciudad.

Marco Antonio se encontraba una tarde en la plaza del mercado cuando es informado que "Afrodita ha llegado; y navega por el Kydnos. Pronto tocará tierra". Antonio es un soldado, además de ser un artista; por eso no cree fácilmente en historias, y ordena que la dama misteriosa comparezca de inmediato ante su silla de justicia.

Ante la algarabía popular que va en aumento con la llegada del buque egipcio, el capitán se levanta y se dirige a la playa. "Llegó con sus velas por el Kyndos —dice Plutarco, de quien extrae su relato Shakespeare—, sobre una barca con una estrella de oro y con velas de púrpura, mientras los remos de plata se movían suavemente al compás de la música de las flautas. Ella (Cleopatra) estaba tendida en un nicho brocado de oro; igual a una pintura de Afrodita, rodeada de bellos muchachos, cupidos, que refrescaban con enormes abanicos el aire que respiraba, y de niñas que, como Ninfas y Gracias, hacían como si remaran, mientras otras hacían como si arreglaran las velas. Todos los perfumes emanaban del barco hacia la orilla, mientras miles de personas miraban extasiadas desde el borde del río.

"Y cuando se formó una senda para que pasara el señor, a una señal de ella bajaron las lámparas hasta formar arabescos, y las luces de ellas, con la penumbra de la tarde, daban tonos maravillosos al ambiente. Está todo tan claro que se puede admirar la sonrisa de la reina. Y así, desde su descanso seductor, levantando su fina mano saluda, medio reina y medio diosa, al romano, que, como semicomediante, sabía apreciar doblemente el arte de aquella decoración".

Escribe un autor griego que "esa misma tarde empezaron las fiestas. Todos los objetos de la mesa eran de oro y en esta primera comida que ella dio al romano, todos los cubiertos eran de piedras preciosas y adornados con el arte de los más refinados artistas. Tapices de púrpura tejidos con hilo de oro cubrían los muros y doce trirremes esperaban al romano y a su comitiva. Cuando Antonio se admiró de la maravillosa presentación de la fiesta, le pidió ella, sonriente, perdón por la forma ligera de presentarse, debido a lo precipitado de su llegada; "si vuelve otra vez, al siguiente día, todo estará mejor". A la vez le pidió que aceptara como regalo todo lo que sus ojos contemplaban. Al día siguiente fue invitado a una comida aún más espectacular, a cuyo término recibió como regalo todo lo que le rodeaba. Cada capitán recibió el diván sobre el cual estaba sentado, copas de oro y servicios, las literas con sus portadores; otros oficiales recibieron servicios de plata, caballos de montar y esclavos. Al cuarto día gastó la reina, por cada huésped, un talento de rosas que cubrían el piso hasta un pie de altura, mientras el techo estaba cubierto de guirnaldas.

Muy tarde, cuando Marco Antonio se fue por fin de a bordo, Cleopatra dijo para sí: "Este romano es veinte años más joven y parece inagotable. El viaje se ha justificado. El tesoro del Estado ha sufrido un poco, pero Egipto está seguro".

Uno de esos días por la tarde, después de descansar y antes que empezara la nueva fiesta, se sentó junto a los que estaban recostados a bordo del palacio flotante y les contó todo lo que había pasado desde su separación en Roma. Ella estaba reclinada sobre su brazo y recordó a César en la misma posición ante ella, cuando salían por el Nilo, pero tuvo, es natural, buen cuidado de no mencionarlo. Seguramente, en todo el tiempo siguiente tampoco lo recordó sino para excitar a Antonio. Como mujer y como reina lo había impresionado ya en Roma. César estaba muerto y ella libre; bajo su puño la mitad del Imperio

Marco Antonio, el amante y después marido de Cleopatra, reina de Egipto. Formó parte del segundo triunvirato con Octavio, sobrino de César, y Lépido.

Romano, y como Dictador podía aparecer ante ella como el otro, para lo que ya en los primeros días preparó una brillante parada militar. Al verla sonreír, comprendió que únicamente como hombre podía excitar su fantasía de forma novedosa.

En esos momentos los dos sentían que no había una pareja más feliz. Antonio, cerca de los cuarenta y, sin embargo, con toda la virilidad de su hercúlea figura: Cleopatra, una mujer madura de veintinueve años, esbelta, siempre amazona, sin dejar de ser una madre que ha tenido un hijo y lo ha criado, ambas cosas llenando el sentido de una vida, a la luz de un sol de mediodía. Ambos arrastrados por los instintos, ofreciéndose uno al otro como ejemplares, como modelos, siendo a la vez el deseo de miles de observadores; viendo correr del uno hacia el otro poder y belleza, dejándose despertar o adormecer con música de himeneo.

Después de una semana de fiestas y de placeres, se sentía Antonio satisfecho cuando se reponía en un fresco baño; pensaba que la querida de César era lo único que le faltaba para ser el mismo César. Pero volvía el brillo del vino a mediodía y llegaba a creer que en aquella mujer había descubierto César la llave maravillosa. El vacío que sentía sobre sí desde la noche del asesinato y que el contacto con Fulvia no pudo reducir, lo sentía pleno con el torbellino de aquella mujer. Y es así como Antonio, el soldado, llegó a ser el señor de sí mismo, pero a la vez vivió las sorpresas inesperadas de un mundo femenino desconocido a los cuarenta años, reconociendo que jamás había gozando de un ambiente semejante.

También Cleopatra sentía un inmenso vacío, pero en ella no era del espíritu, sino de la sangre, que estaba insatisfecha. Había empezado con juegos perversos, con locuras juveniles; habían torturado los sentidos y luego satisfecho las necesidades regalonas de un viejo; algo le faltaba. También llegó sobre ella el mismo torbellino, y mientras Antonio admiraba la cultura amorosa que le ofrecía, se lanzaba ella impetuosamente hacia las fuerzas de la naturaleza que de aquel hombre emanaban. Luego venía a su mente, cuando se hundía agotada el recuerdo de los dos leones y la parte de la vida que le había reservado amargas horas desde la muerte de César, alzándose enseguida a completar una segunda parte, para satisfacción de su loca fantasía.

Pero primero había que sincerarse. Así, pues, cierta tarde, mientras estaba Antonio sentado y ella yacía a su lado, llegó aquél a un punto de su relato que al principio había preparado como una acusación y que apenas llegó a ser una pregunta. Ella sabía el terreno que pisaba y estaba dispuesta a invertir al vuelo sus argumentos. ¿Había ella ayudado a Casio? ¿Había ella mandado buques con tropas a los asesinos de César? Los que ella envió a Dolabella fueron detenidos por las tempestades. Y luego ella misma salió al mar en barcos hasta el Jónico, continuamente en peligro de caer en las manos de Casio, hasta que nuevas tempestades y males la obligaron a regresar. Lo que ella merece, son agradecimientos. Lo que él merece es un cargo, porque sus soldados no la ayudaron en su tremenda situación.

No se sabe si Antonio creyó todo lo dicho, pero Apiano —historiador griego del siglo II— seguramente tiene razón cuando escribe sobre este punto: "Él la miró como si no fuera sólo una maravilla de belleza sino a la vez de habilidad, y se sintió de repente atraído por juveniles ansías, a pesar de sus cuarenta años". Esto sucede en una tarde —piensa rápidamente la reina acusada— especial para hacerse cargos. Todavía había dos seres en su tierra que amenazaban su poder. Arsínoe, liberada de su prisión por una mano desconocida, quien había huido al templo de Artemisa en Mileto; tampoco había que olvidar al gobernador egipcio de Chipre, que había tomado el partido de Casio por resolución propia; y por último, un joven aventurero que se hacía pasar por el joven Tolomeo, ahogado en las aguas del Nilo. Todos ellos debían morir —Antonio aprobó—, y los soldados corrieron hacia las tres costas para poner a los pies de Cleopatra las cabezas de los tres enemigos como prueba.

Por fin la reina Tolomeo se sintió segura en su trono. Dos hermanos y dos hermanas habían perecido por ella o para ella. Era la única y la última, y a su lado quedaba sólo Cesarión. Cuando reflexionaba sobre esta nueva situación, pensó en la posibilidad de tener un segundo hijo de este segundo romano, porque tras todos sus refinamientos Cleopatra conservaba la natural tendencia a tener familia.

Cuando evocaba a Fulvia —y el ingenuo y hablador Antonio hablaba a menudo de ella— veía a una romana de su misma edad que había tenido ya tres matrimonios y cuatro hijos, que al principio ella misma había criado. Pero en esos momentos, Fulvia, en la cúspide de sus fuerzas, no podía pensar en otra cosa que en el poder y en el Estado, en Antonio y en Octavio, y en que a este último lo odiaba a pesar de que oficialmente era su yerno y aliado. Después de la batalla de Filipos había enfermado gravemente y el partido de Antonio ya pensaba eliminarlo.

En Roma —continuaba relatando Antonio— crecían las exigencias de los legionarios repatriados por los terrenos que le fueron prometidos a cambio de nuevos peligros; Lépido, sometido enteramente a la voluntad de Fulvia, se había puesto completamente imposible. Ésta se oponía a la repartición de los bienes que acumulaba Octavio, porque pertenecían al partido, y su hermano Lucio necesitó mostrarle órdenes de Antonio para convencerla, órdenes completamente apócrifas. Fulvia retuvo como en prenda dos legiones que se le habían prometido a Octavio, y éste, en desquite, escribió epigramas obscenos sobre ella, haciéndolos circular por el ejército. Dicen que dicho relato hizo reír en extremo a la reina de Egipto.

En tal ambiente no fue difícil para Cleopatra convencer al hombre que cada vez admiraba más a la mujer, para que la visitara en su palacio de Alejandría. Aún cuando Antonio ya había avanzado tropas hacia el Norte porque estaba resuelto a conquistar Persia, le atraía enormemente la invitación de la reina. De su quehacer militar hablaba poco, y si lo hacía, cambiaba de tema rápidamente. Y como el instinto de ella reconocía que todo aquello no era una necesidad urgente y que en el fondo sólo era una decisión a que la herencia de César le obligaba, se convenció de que no le sería difícil alcanzar la postergación de aquel proyecto. También el otro asunto, la ruptura con Octavio, no era tan apremiante, según el mismo Antonio aseguraba, porque sin Antonio, Fulvia no podía iniciar la lucha y había, en consecuencia, que tolerar a los aliados cuanto fuera posible.

Esto era cuanto necesitaba Antonio dada su inteligencia y comprensión, para la aventura a que lo arrastraba la reina, que ya hablaba de la partida. Allí, en Egipto, estaban los tesoros, que eran más fáciles de alcanzar que los de la desconocida Persia. Como amante de la reina de Egipto no necesitaba dar batallas para tener el oro, y quien el oro tuviera sería el vencedor. Si más tarde seguía las huellas de Alejandro o los planes de Julio César, sería su mejor talismán, el mejor y más conocido paso, su visita a Alejandría. ¡Por todos los dioses!... ¿Qué podía impedir que un miserable romano fuera huésped de la reina de Egipto?

Marco Antonio prometió a Cleopatra seguirla a su patria aquel invierno, para —como dice Plutarco— "concederse vacaciones como cualquier jovencito, divertirse en el juego y perder lo más valioso: su tiempo".

En el palacio de Alejandría

En el viejo palacio de los Tolomeos empezó de nuevo la animación. Caballerangos y limpiadores de armas, portadores de literas y cazadores, mezcladores y toneleros y muchos cocineros iban y venían por los húmedos departamentos, y a sus órdenes, los esclavos corrían por todos lados; de ellos, unos mandan a los otros para sentirse superiores, aunque, de vez en cuando, hayan de doblar la espalda para recibir los azotes o premios, o los mandados o las preguntas, para quedar luego esperando —esperando hasta que oscurecía— a los grandes señores que los habían olvidado,

Suntuoso convite ofrecido por Cleopatra a Marco Antonio. (Cuadro de Tiépolo en la Galería Labia de Venecia).

hasta que un eunuco los encontraba y les daba un puntapié haciéndolos alejarse a esperar la divina voluntad de los dioses.

No había una hora, ni en la noche ni en el día, en que no debiera estar todo listo. "¿Acaso tienen muchos huéspedes?" —preguntó un joven estudiante a uno de los cocineros mayores, que más tarde se lo contó al abuelo de Plutarco—. Pero el cocinero sonrió y dijo: "No llegamos a doce para comer. Cada comida debe estar lista a cada oportunidad; si algo llega tan sólo con medio minuto de retraso, se prescinde de ello. Tal vez el romano quiera comer ahora, o dentro de dos minutos o tal vez más tarde. Puede pedir vino o, si no, divertirse y arrojarlo todo en una esquina. Por eso hay varias comidas listas para servirlas, porque nadie puede adivinar la hora".

Realmente Antonio gozó de sus vacaciones. Tenía muy pocas tropas y ningún uniforme. Con vestimentas griegas y blancos zapatos áticos, vagaba Antonio como los maestros y los sacerdotes; cazaba y pescaba; se rodeaba de filósofos. Allá, en el Museion, proponía problemas que recordaba de sus épocas atenienses, escuchaba, dormía entre tanto, despertaba, continuaba, discutía y resolvía el problema, resolvía todos los problemas del cielo y de la tierra, invitando a los peritos al vino de la tarde.

Siempre en el agua o a caballo, o en camello por el desierto, estaba la reina a su lado, dispuesta a cualquiera de sus voluntades, nunca cansada, nunca enfadada, siempre lista, como si no hubiese pasado las largas horas de la mañana, mientras él dormía, con sus ministros; como si no hubiera resuelto mil cosas que la esperaban diariamente, como si no hubiese tenido nunca una preocupación por su Cesarión, el niño de César. Durante un par de meses el pequeño quedó un poco en segundo término tan fanáticamente se había entregado ella al otro romano. Era la primera vez que Cleopatra quería en sentido absoluto; que quería dominar a todas las bacantes en el cerebro de Antonio, a todos los placeres, a todos los carros tirados por leones, a todas las Fulvias. Cleopatra estaba enamorada.

Aquel hombre de pecho gigantesco, que cuando estaba de humor la levantaba y la lanzaba hacía arriba para recibirla en los brazos, casi sin inclinarlos; aquel romano rudo, que allí, en donde ningún deber lo detenía, se mostraba siempre brutal, la arrastraba, separados apenas por una cortina de los ojos de los esclavos; aquel capitán que la arrancaba de la mesa de la fiesta para volver con ella más tarde, sonriente; aquel sátiro despreocupado, hecho a todos los desenfados y cuyos juramentos silbaban como un rayo, la había conquistado completamente en aquellos meses locos, y lo poco que ella tenía en su ser del 'flautista' salía a la superficie arrastrado por él.

Si había vivido los quince años de su madurez sexual en una especie de salvaje soledad porque le faltaba el "hombre", aquel invierno se sumergía en la embriaguez del romano como si quisiera demostrarle su vitalidad. Por primera vez —y por última vez en su vida— perdió en aquellas horas el sentido de la belleza y de la finura y fue al encuentro de su amante como un caballo salvaje, arrastrándolo con ella hasta perder la vista y el sentido. Sin embargo, ella no se emborrachó jamás, y cuando se habla de un anillo de amatista cuyo poder le permitía beber jarros enteros sin embriagarse, se recuerda simplemente una leyenda de lo que todos vieron, o más bien de lo que nadie vio.

En esta curiosa resistencia al vino, siempre conservó su dignidad de reina, sin que ningún oficial o alejandrino de los que participaban en sus fiestas la poseyera. Todos sus desmanes valían para el Hombre, y éste, cuando a veces estaba borracho, deseaba interiormente que cayera en el caos general de sexos que los rodeaba. Pero, a la vez, se elevaba su conciencia cuando estaba sobrio, y le recordaba que era con una reina con quien tenía que habérselas.

A veces, por las noches, Antonio se disfrazaba de mozo para perturbar a la gente, golpeando las puertas hasta que aparecían, despertando, en las ventanas, y le pegaban a pesar de reconocerlo. "Esto —dice Plutarco— debía de gustar a los alejandrinos y le seguían la corriente diciéndole: "Está bien que Antonio haga dramas en Roma y aquí comedias". Luego, lo atraía nuevamente la reina, y cuando iba a pescar y no pescaba, la reina disponía que los buzos le clavaran peces en su anzuelo y hacía traer pescados ahumados del Ponto, que colgaba de su caña, hasta que corrían sus carcajadas y la historia por el pueblo.

En aquella época fundó el "Club de los Inimitables". Un grupo de alejandrinos de importancia debía invitar a toda la sociedad en tardes determinadas y cada uno trataba de superar al otro en lujo y fantasía. Hubo noches en que se gastaron fortunas porque el anfitrión calculaba rápidamente las utilidades que le significarían la amistad y el favor de la reina. Cuando Antonio estaba embriagado, empezaba a contar historias y todo el mundo se admiraba que aquel hombre pudiera hablar tanto como comía y bebía. Ahí estaba él. Y exaltaba la belleza de su primera mujer, Antonia, y contaba cómo el canalla de Dolabella se la había quitado; él, en cambio, le robó a Fulvia a Clodio, mucho antes de hacerla su esposa. "Los otros dos ya estaban muertos y él comía y bebía un jarro de viejo vino rodesiano, y lo que estaba pasando en Roma valía menos ante sus ojos que las gotas que caen al piso". Así razonaba, el borracho de Antonio a la mesa de los Inimitables. Sólo de Julio César, nunca hablaba.

La mujer de Antonio

Al otro lado del mar vivía la otra mujer de Antonio, no menos débil en sus sentimientos, si bien es cierto que ahora, no como antes con sus tres esposos, miraba más al triunvirato que al marido. Toda Roma hablaba del idilio egipcio, y Fulvia no podía todavía ver qué amenaza o qué atracción podía destruirlo. Sabía demasiado bien que él era infiel por naturaleza y que ansiaba otras mujeres, así como conocía exactamente los atractivos de la reina. En sus viajes por el Sur y el Este, podía estar años entre otras mujeres, sin pensar en la suya ni en sus hijos. Así, pues, había un solo medio para recuperarlo y con él el poder en peligro, y Fulvia resolvió acudir a él. Acudió a la guerra civil para arrancar de los brazos de la otra a su marido.

Esta resolución era un anticipo de sus planes maduros, en lo que no hubiese caído si no fuera por celos. Si con papeles falsos había provocado la ruptura entre Antonio y Octavio, el primero debería regresar a vencer a sus enemigos. Si quería en cambio estar en paz con ellos, no podía, con mayor razón, permanecer alejado de Roma; en todo caso, esta noticia debía alejarlo de la reina de Egipto.

Las cartas de Fulvia llegaban en tono agudo, así como sus agentes, al festivo idilio del palacio alejandrino. Fulvia había llevado hasta el extremo la lucha por la repartición de los bienes; había repartido dieciocho ciudades del país con tropas autónomas para incitar a las tropas de Octavio a la revuelta, huyendo luego, ya que no estaba segura en Roma, a la fortaleza de Preneste, acompañada de varios senadores y caballeros. Allá hizo Fulia de generalísimo, tenía armas y dinero, soldados y caballos; entusiasmó a las tropas con fogosos discursos, hasta que la siguieron las del enemigo, encerrando al hermano de Antonio y sus secuaces en Perugia. A la lectura de estas nuevas, los sentimientos de Cleopatra oscilaron entre el desprecio y los celos. "Por su amor no debía ella desearle a su marido una derrota y sin embargo, la deseaba" —pensó la reina a la distancia.

No mucho después aportaron la solución las nuevas noticias: el hermano de Antonio se había rendido en Perugia. Octavio lo había respetado, pero, en cambio, se vengó incendiando la ciudad y celebrando un sangriento consejo de guerra: el día del aniversario de César hizo ejecutar ante su templo, en Roma, a cuatrocientos senadores y caballeros. Esto, a los dos años de la muerte del último de los conjurados. A la vez, llegaron emisarios de Octavio a Alejandría, para hacer presente al otro triunviro que no era él sino Fulvia quien provocaba la guerra, y que él quería vivir en paz con sus aliados. Cuando leyeron esto, Antonio y Cleopatra comprendieron que el amor de Octavio por la paz venía del miedo a Pompeyo, el dominador del mar.

Muy pronto llegaría la prueba. Fulvia huye de Brídisi hacia Atenas con tres mil jinetes en cinco barcos. La madre de Antonio la acompaña, así como Sexto Pompeyo. Más aún, la nueva guerra civil ha animado a los persas a nuevos avances; ya han irrumpido en Asia Menor; se han aliado a ellos algunos príncipes sirios después de haber expulsado al gobernador romano; desde el Éufrates avanzan nuevas tropas persas.

Estas noticias remueven las somnolencias de Antonio. Debe partir de inmediato y la reina tiene todas las razones para ayudarle. Así, pues, reúne todo lo que tiene: doscientos buques, oro y todos los tesoros que puede. Cleopatra está embarazada y teme perder a Antonio; teme su ausencia y abandono. Comprende que la alegre aventura ha comenzado a declinar y ve que tal vez, dentro de poco tiempo, se quedará en un pueblo hostil, con dos hijos de dos romanos, insegura acerca de cuánto tiempo soportará la debilitada perversidad de los alejandrinos, sin saber si el gran desconcierto de la corte fue causado por la retirada de los últimos romanos, y si se aprovecharán de ello. Su amor por el primer romano empezó con una batalla de vida o muerte y terminó con fiestas. ¡Tal vez el segundo amor, que comenzó con fiestas, termine con un rudo combate!

En cuanto a Cesarión, ella cree que Antonio no se aflige por él. En Roma o en Atenas, él mismo tiene un hijo. Cuando se reunieron la mujer y la madre con el hijo y la hija, lloraron todos juntos, ¡y después de eso el corazón de Antonio se enterneció fácilmente! Nada se sabe, y la probabilidad de las victorias era mucho más grande con César, ¡aunque parecía tan amenazante...!

A la hora de la despedida, Antonio, sonriente, les desea felicidades a los niños. Después no oye más; su pensamiento está pendiente de sus ejércitos, y allí está en medio de informes y órdenes. Ya vivía en espíritu al otro lado de los mares, listo para estar con los persas y después con su mujer egipcia. Le había prometido a Cleopatra regresar, pero ella sabía que entre los deseos y las promesas del momento y su regreso, había innumerables mujeres, y estaba Octavio, al que había que tolerar o vencer; de por medio había pueblos extraños que se combatían y se destruían huérfanos de jefes, y si nada de esto hubiera, allí estaba el mar proceloso que se tragaba los buques.

Pronto tendría otro hijo, tal vez una hermana para Cesarión. Según las costumbres tolemeicas, a los diez años deberían contraer matrimonio, y la real pareja de Egipto tendría media sangre romana en sus venas. Mientras tanto habría que asegurar el poder para conservar con su fuerza la libertad; habría que reservarse los medios para hacer las cosas a su gusto y conveniencia. Era necesario hacer nuevas alianzas, no contra Roma, pero sí con algunos romanos poderosos y la visita de Antonio había resultado un buen principio. Como un viento tempestuoso lo había revuelto todo, corte y sociedad de Alejandría; había agitado a los viejos partidos y había desilusionado a los viejos amigos de Roma. En cambio, había convencido al populacho, y los gastos y despilfarros de la corte habían puesto en movimiento a los comerciantes, sin que las masas dejaran también de gozar de su generosidad. Jamás había sido Antonio tan popular en Roma como aquí, y esto le agradaba al romano. Incluso los del *Museion*, que se reían de su sabiduría, lo querían; cualquiera que lo tratara, le tomaba cariño; pero nadie se apasionaba por él. Y, sin embargo, ella lo apreciaba en justo grado como Imperator, general y triunviro. Lo sabía amigo leal de los orientales y —por fin— sabía cuánto valía como amante.

Mas era claro que su influencia disminuía sustancialmente

cuando estaba ausente. La única unión sólida que permanecía era un adivino y profeta egipcio que le dio Cleopatra para que empleara su talento y sus secretos en su beneficio al lado del general. Con sus mil ojos podía conocer las desalentadoras nuevas que le llegaban de Atenas, donde la escuálida Fulvia estaba contemplando con su mirada penetrante y odiosa al recién llegado y bronceado general, a quien hubiera arrastrado de buen grado por las barbas, para maltratarlo. ¡Y quién sabe si lo hizo!, porque, ¿dónde estuvo, entonces oculto tanto tiempo? ¡Qué le importaba a él la egipcia! Todas sus preocupaciones debían ser para Roma en desorden. Por su parte Antonio le recriminaba haber intervenido para remover la alianza con Octavio; apoderarse de ciudades, sin ninguna autorización, equipar fortalezas, arriesgar estados de sitio y obligar a su esposo a tomar precipitadamente violentas medidas militares.

A estas alturas aparece otra mujer, y Cleopatra descubre lo que Octavio planea. Sexto Pompeyo, el último hijo vivo de Pompeyo, el mismo que ha protegido con sus buques a la mujer de Antonio y a su madre, es en ese momento su aliado incondicional y puede reforzar en forma peligrosa las fuerzas de Antonio. Por esto, Octavio, heredero de aquel César que combatió por tantos años a la familia de Pompeyo, le envió apresuradamente un mensajero proponiéndole su amistad y ofreciéndole casarse con su sobrina Cribona. Esta mujer es mayor que él, dos veces viuda, y está embarazada de su último marido, pero Octavio deja fuera de vigor la ley de los diez meses de espera, se divorcia rápidamente de la hija de Fulvia y se une a la pompeya en medio de grandes fiestas veraniegas, ofreciendo, además, amplio tema a las mordaces lenguas de sus conciudadanos.

El perverso carácter de Octavio se desarrolla en el poder, heredado inesperadamente cuando tenía diecisiete años, poder que cae sobre este joven enfermizo, filósofo a medias, "como un trueno sin rayo". Ya en esos años se hace llevar a su casa hermosas mujeres que descubre a su paso por las calles. Las hacía ir y sus agentes las sometían a investigaciones para comprobar en su presencia la virginidad.

Antonio, indignado por el abandono de la hija de Fulvia, se torna rabioso y sale de Atenas dispuesto a castigar la traición de Pompeyo. Se va sin despedirse de nadie, arenga a sus legiones y se dirige a Perugia sin dejar de notar el desagrado y el fastidio que sus soldados no ocultan, porque van a una nueva guerra civil. Provoca los primeros combates y empieza a vencer. De manera repentina aparece un emisario con la nueva de la muerte de Fulvia, sucedida en Atenas. Tenía apenas treinta años, pero la voluntad de dominar, no por ansias de brillar, sino para poder odiar y vengarse mejor, la habían destruido en plena juventud.

Porque el orgullo de Fulvia era de naturaleza destructora y nihilista; César era patético y constructivo; Antonio quería ser poderoso para gozar de la vida; Octavio ambicionaba el poder para cubrir con él la glacial estructura de su ser. Sólo el orgullo de Cleopatra era libre y sensible a todas las pasiones.

Con la muerte de Fulvia se esperaba el acercamiento de los antiguos aliados que, en el fondo, era lo que ambos deseaban. Cleopatra veía que la amistad de los triunviros era peligrosa, pero no pensó en la forma curiosa en que lo comprobaría: los soldados exigían más dinamismo en el obrar, porque los generales querían resolver sus diferencias por la vía diplomática. Siempre habían sido romanos los que habían luchado con romanos, desde hacía quince años, bajo malos generales, únicamente para satisfacer deseos y ambiciones de algunos cabecillas de partidos, que se escudaban en principios morales, como aquel de "para terminar con la desorganización", o para "salvar la Patria", o la familia, o, con especial frecuencia, "para proteger los bienes" que nadie amenazaba.

Tiempo de paz

Finalmente parece que llega la paz para los romanos. En Brindisi se hace un nuevo tratado, exactamente igual al de tres años antes, para distribuirse la herencia de César; Lépido no quiere nada más que el África romana; Antonio recibe el Este hasta la frontera albánica, y en manos de Octavio queda toda la Italia, incluso el Oeste. Para Marco Antonio esto significa dejar Roma, emigrar, ser procónsul, aun cuando hay que dominar seis proconsulados y aun cuando no tuviera que rendir cuentas a nadie.

En este ambiente de armonía que rodeó la iniciación de la paz, no fue tampoco difícil extraer a Sexto Pompeyo, ofreciéndole Sicilia y Cerdeña. Sin embargo, y a pesar de esto, fue el menos inclinado a respetar su palabra. Cuando honró a sus nuevos amigos con un banquete a bordo de su escuadra, se le acercó Menas, el pirata, y le preguntó: "¿Apreso a estos individuos?... Si deseas ser tú el señor del Imperio Romano, no necesito más que levar anclas y levantar los puentes". Pompeyo respondió después de una larga pausa: "Menas, ¡lo hubieras hecho sin preguntármelo! He comprometido mi palabra y no me es posible ya."

Parece que, por fin, a fines del año 39 a.C., la guerra civil llegaba a su término; por primera vez, después de catorce años, Roma volvía a creer en la paz. Dion Casio escribió al respecto:

"Cuando los tres poderosos estuvieron a la vista del ejército y de la amistad, se produjo una alegría infinita en la tierra y en la flota. Todos esos miles de ciudadanos y soldados que odiaban y temían la guerra, elevaron repentinamente una chillona gritería que hacía eco en los cerros, hasta que muchos se desmayaron con el esfuerzo siendo otros atropellados y reventados con las pisadas de los demás. Los que estaban en los buques no podían esperar llegar a tierra y se lanzaban al mar; otros corrían a su encuentro desde tierra y se metían en el

agua para abrazarlos. Algunos encontraron aún con vida a
sus amigos, otros se miraban sin hablar y como mudos, no
dando crédito a sus ojos, a pesar de cuanto deseaban creerlos.
Y no se convencían hasta que se llamaban por sus nombres y
recordaban el timbre de sus voces.
"*Muchos reemplazaban a veces el llanto por la alegría.*
Otros, que creían aún vivo al hijo o al padre, tanto tiempo
alejado del hogar, corrían y preguntaban a cada uno, como
locos, porque esperaban encontrarlo o temían haberlo perdi-
do para siempre. Y luego se mesaban los cabellos, rompían
sus vestidos, llamaban por su nombre al perdido y lo lloraban
como si acabara de morir y yaciera a sus pies. Cualquiera, con
sólo verlos, era vencido por el dolor o por la alegría; y así
siguió todo el día y gran parte de la noche".

En ese tiempo —poco después del advenimiento de la
paz entre los aliados— apareció en Alejandría un emisario
con la noticia de que Antonio se había desposado con una
hermana de Octavio. No podía haber sido de otra forma.
Desde el primer triunvirato la enemistad había permaneci-
do en suspenso, sin agravarse ni debilitarse. —Ya no im-
portaban las intrigas de una Fulvia muerta que fueron
capaces de engendrar una guerra civil, con tal de arrancar
a su esposo de los brazos de su amante oriental—. Por otra
parte, Antonio estaba molesto con las insinuaciones que el
joven Pompeyo hacía en sus discursos acerca de su aventura egipcia. Octavio, más cuidadoso, dejó pasar algún tiempo antes de insinuar a sus oficiales, para que éstos a su vez
le trasmitieran a la tropa, el deseo, que después fue presen-
tado como pedido por los soldados, de que la alianza se
afianzara con el matrimonio de Antonio con Octavia, la hermana de Octavio, quien pudo decir a sus amigos que la
tropa quería verlos emparentados.
Pero ¿qué pasaba con la reina de Egipto? Antonio no
negó —dice Plutarco— que fuese su querida. Pero de eso a
que fuera su mujer había un gran trecho, así como había un

solo paso para pronunciar el "sí". Su situación como general no era envidiable, pues necesitaba tropas, que le podía facilitar Octavio, para su campaña en Siria. Y como en la campaña tenía que acercarse a la tierra de Cleopatra, aquel matrimonio le serviría algo así como de protección. Antonio, por lo demás, daba gran crédito a las profecías, que siempre tenía buen cuidado de adaptar a su conveniencia. Por ejemplo, en todas las fiestas que se celebraban, Octavio lo derrotaba siempre, tal vez porque había engordado demasiado o porque estaba extenuado por el vino; el otro, más ágil y más joven, se llevaba la corona. Entonces se le acercaba el adivino egipcio que le había cedido Cleopatra y le decía: "Con sólo evitar la sombra de Octavio, ¡oh Antonio!, te espera la suerte y la felicidad. Evita al joven, que su genio te es nefasto. A distancia, tu valor, tu orgullo y tu audacia le atemorizan. En su presencia, eres débil e incapaz".

Pero estas profecías las modificaba Antonio hasta conformarlas con sus intereses, como hacen las naturalezas débiles. ¡No había duda de que la hermana serviría de intermediaria para avenir los caracteres de los dos hombres! ¡No había duda de que ella sería, quien le serviría de protección en su campaña de Siria, y más que nada, en mantenerlo alejado de la reina de Egipto! ¿Acaso no era Cleopatra culpable de la pérdida de todo el tiempo durante el cual Fulvia intrigó? Por suerte, el hijo que en ella había engendrado terminaba el ciclo de César, cerraba su círculo, deshacía su camino y ponía fin a la aventura.

La suerte, el destino o los dioses, habían hecho desaparecer a Fulvia y al marido de Octavia al mismo tiempo. Ésta última era hermosa: Roma lo sabía, y además tenía mejor carácter que su hermano tal vez porque era sólo a medias su hermana y no era hija del usurero prestamista. Su Marcelo la había querido y ahora llevaba en su vientre el segundo de sus hijos. En la ceremonia del matrimonio debía permanecer sentada para no hacer reír a la gente que diría que los triunviros compran sus mujeres con hijos y todo. Lo importante era que el hermano le diera su dote, que eran sus legionarios.

Octavio se casa al mismo tiempo que su nuevo cuñado. Como después de la reconciliación su sobrina se le ha hecho innecesaria, se hace divorciar una vez más y negocia a Livia, cuyo actual marido aporta el ajuar para el nuevo matrimonio.

Mientras tanto, en Alejandría, Cleopatra que estaba enterada de todo lo que pasaba en Roma gracias a sus espías y emisarios, daba a luz gemelos: hembra y varón. Llamó a los niños el "pequeño dios Sol" y la "pequeña diosa Luna". Se juró no pensar nunca más en Antonio, aun cuando lo recordaba, dicen, apasionadamente y trataba de apaciguar los celos que la atormentaban desde que supo la nueva situación de aquél.

En este punto tan importante de su vida, Cleopatra no sabía lo que también para Octavio, así como para todos los demás, permanecía desconocido: era una frase que Antonio había escrito en Roma el día de su matrimonio. No la conocían sino dos de sus amigos, que sirvieron de testigos para el testamento secreto que en tal oportunidad redactó, pensando en la muerte repentina de César y en las consecuencias que su testamento había tenido. Pronto sería él quien iría a la guerra de Persia, y a los cuarenta y un años, en la época de su tercer matrimonio, lo escribió, pensando en sus amigos y en sus hijos.

La última de sus frases declaraba que era su voluntad final que, después de muerto, se le llevara en solemne desfile hasta el Foro. Luego deberían embarcar su cadáver y llevarlo en un buque hasta Alejandría, para yacer eternamente, sepultado, junto a la reina Cleopatra.

Era su último deseo. Selló, firmó y entregó el documento al general Vestalio.

4

Reina, mujer y madre

La vida en palacio

Durante tres años (39 – 36 a.C.), Cleopatra gobernó sola en Alejandría, sin alterar la historia de Roma. Como antes, los buques bogaban hacia allá y desde allá, y cuando vaciaban el trigo de sus bodegas, volvían con dinero de España y con maderas galas. Atletas, artistas, comerciantes y banqueros, retóricos e investigadores unían a la República en decadencia con el reino en decadencia, pero la Historia de ambos Estados se desarrollaba independientemente; y una corta paz dejó a aquellos y a éstos respirar tranquilamente por un tiempo. Así fue como Cleopatra vivió estos tres años, casi en la misma forma que cualquier otra reina del Mediterráneo de la época de César.

Y, sin embargo, no exactamente en la misma forma. Porque, a la vez que era madre de tres hijos sin padre, estaba en la situación de una amante abandonada que había combatido a la sociedad que la rodeaba. ¿No era posible, acaso, cuando no se contaba con el favor de una corte como la de Egipto, que cualquiera pretendiera envenenar a la reina y a sus herederos legítimos para favorecer alguna nueva dinastía? ¿Y no era más conveniente, en aquella época, llegar a un acuerdo con Octavio sobre esa materia, ya que éste odiaba a Cesarión? Los ajetreos de la corte en ese periodo no han sido conservados por ningún documento, pero de la situación general podemos deducir el estado de ánimo de la reina, que oscilaba entre la vigilancia y la energía, entre las esperanzas y los fracasos.

Esta amazona temeraria, que comió el duro pan de la guerra y que durmió en una miserable tienda de campaña, era a la vez la mujer más regalona de su época y ni conocía el número de eunucos y esclavos que la servían. Cuando por las mañanas se metía en su baño —una de esas grandes bañeras porfídicas que había conservado— media docena de muchachas la esperaban con paños templados, para

Busto de perfil de Cleopatra, reina de Egipto; famoso porque destaca la característica configuración de la nariz.

frotarla con ungüentos y sales. Hacía luego arreglar sus castaños cabellos frente a un gran espejo, recostada en frescos cojines, reclinada sobre sus brazos. Nunca hizo teñir sus cabellos a pesar de que la moda era ser rubia; no se los peinaba en forma de torre, a la moda de las damas romanas, pero tampoco en forma de rizos, como en la época de su niñez. Los llevaba, como lo demuestra su busto, en siete ondas pequeñas de forma que el corte del peinado estuviera en la línea de su nariz; pero otras terminaban en un nudo, y sólo un rizo coquetón, caído sobre el ojo izquierdo, interrumpía la línea estricta y bella de la forma griega. Todo era real, sólo por aquel rizo era Cleopatra.

Le gustaba llevar un traje que en realidad era un tul y que había de inquietar a todo hombre que se acercara, porque bajo él se adivinaban nítidamente sus senos. Esta túnica era de color de rosa, y parecía apenas tapar la blancura de su piel. Sobre esto colocaban las esclavas el *himatión*, de color zafiro; si estaba de buen humor, se ponía la dalmática, un traje con mangas, ayudándole cuatro manos para apresurar el trabajo. Si la esclava se equivocaba o perdía un segundo, ella la pisaba porque pegarle hubiera sido ensuciar sus manos. Estas costumbres habían seguido siendo faraónicas en aquella tierra.

Cuando esperaba a un extranjero distinguido, usaba trajes ajustados con broches, porque los broches y el cinturón ofrecen tentaciones que excitan la fantasía y que distraen y perturban. Los diminutos zapatos de cuero, que tenían un pequeño orificio para el dedo gordo, a fin de hacerlos un poco más amplios, y de altos tacones, llevaban en la suela, cuando se esperaba a un embajador importante, signos cabalísticos llamando al amor, aun no ignorándose que nada podría haber entre ella y su visita.

Le gustaba el aceite de cedro porque le recordaba el calor seco del desierto; pero cuando la esclava de los perfumes no adivinaba qué día prefería el perfume de mirra, la reina arrojaba la botella al suelo, haciéndola mil pedazos, y como olía mucho más fuerte aún a cedro, las esclavas se asustaban. Los adornos se los debían aproximar sin que ella los pidiera; veía una gran cantidad de collares ante ella y escogía estirando la barbilla en dirección a la prenda preferida. A veces elegía el topacio porque sus tonos brillantes recordaban lo cristalino de la miel, otro día prefería la plata con su frío brillo. Esto sucedía cuando pensaba en César.

Entre los gatos y monos domesticados y los numerosos servidores, entraban los gemelos que ya sabían que no había que tocar a la madre después de haberse arreglado, y las ayas temblaban sin saber si acercarse o permanecer alejadas. Levantaba cuidadosamente al niño Alejandro. Sólo él, entre los tres, se parecía a ella: había heredado su nariz afilada y se esforzaba por igualar su bella boca, siendo a la vez tan vehemente y mimoso como su madre. En cambio, la pequeña Cleopatra era un retrato de Marco Antonio y la gente veía cómo se reproducían a la vez, en una niña de dos años, los viriles rasgos y la animosa expresión del general.

La reina gozaba con aquel curioso cambio de papeles: veía cómo la niña ordenaba ya sus caprichos a golpes de azote. Alejandro era como un efebo. "Así habría sido yo si hubiera sido hombre" —solía decir Cleopatra. Pero nunca envidió el papel del otro sexo.

El niño de diez años —Cesarión— casi tan alto como su madre, igual a su padre, como decía Homero, "tanto en figura como en voz", porque era real y grande, hablaba con cuidado y seriamente, tenía la efusión que tal vez tuviera César de niño, y que siendo hombre aparecía raramente en él. Con esa seriedad tomó la herencia que su madre robustecía con las esperanzas de un trono, seriedad que le venía de su origen, por ambos lados, y que desde joven lo inducía a posesionarse de los derechos y deberes de un reino.

Cleopatra le enseñó a gobernar. Debía comprender las complicadas condiciones de aquel reino, de aquella capital, todos los asuntos relacionados con materias populares y económicas, y todo el desorden de las innumerables casas reinantes del Mediterráneo. Tales eran sus intenciones cuando le ordenó que todas las mañanas asistieran a las audiencias para que los empleados se acostumbraran oportunamente a su futuro rey. Además, como mujer se sentía afianzada con su presencia. El recuerdo de su primera juventud, incluso las historias primitivas de su casa, le daban la sugestión de que era un hermano menor que, según las fórmulas, debía ser, además, su esposo. En secreto creía que, en la persona de su hijo, César le otorgaba una especie de protección en los negocios de Estado.

Fue la corte, con sus grados y protocolos, lo primero que el niño conoció; y eran los parientes con título, los primeros amigos del rey, los ayudantes y servidores, los que se inclinaban ante ella y ante él. Allí estaban los escribanos o escribientes, infinitos como la arena del desierto de Libia, el más importante de los cuales equivalía al Primer ministro cuando leía en su libro oficial la *Efeméride*, que más tarde pasó a ser la fuente del Derecho. Además, había consejeros que proponían determinaciones sobre Alejandría, pritaneos que había que obedecer porque siempre se consideró a Alejandría "fuera de Egipto", como "ciudad libre", y protegida, como tal, dentro del sistema griego. El niño aprendió a diferenciar, entre *Demoi* y *Filai*, los orígenes de la familia, cuyos derechos y antigüedad condujeron a innumerables procesos; conoció los derechos y beneficios de los griegos y todas las trabas y dificultades de los egipcios la posición jurídica de los judíos, que ya en aquel entonces alcanzaban el millón en Egipto, el orgullo de los alejandrinos y las venganzas de los egipcios solitarios, los recelos de los griegos contra los macedonios y contra aquellos que tales se consideraban, pues aun entonces, a los 250 años de su fundación, la casa real hacía resaltar su origen de la tierra de Alejandro y cada cual quería pertenecer a ella.

Cuando aparecieron los sumos sacerdotes, el más importante de los cuales estaba inmediatamente después del rey, con sus cortesanos y sus documentos, conoció Cesarión la mezcla de servicios religiosos que ahí practicaban aquellos griegos, con hábil consideración a los cultos egipcios, y cómo Isis estaba en Afrodita y Plutón en Sepáis. Descubrió la falsa seriedad con que Cleopatra preguntaba por la salud de los toros sagrados y su legítimo interés al revisar la lista de los tesoros de los templos, hasta los cálices de oro y las cucharas de plata. Y junto a aquellas tradiciones sagradas, oyó el informe de un oficial de policía sobre cómo había tenido que dominar una revuelta de los vendedores de lentejas en el mercado, y acerca de la necesidad de colocar más cerca del mar a los vendedores de calabazas para evitar nuevas disputas.

Aun cuando era un poco retraído, Cesarión conservaba siempre su altiva posición. Escuchaba con atención al jefe de los gimnastas, uno de los más altos empleados del reino, vestido de rojo, con altas botas blancas, relatando la victoria de los atletas locales en las luchas de Pérgamo y pidiendo una gran cantidad del mejor aceite que necesitaban para frotarse y que había que retirar del monopolio. Luego estaba el gran administrador del Nilo y presentaba mapas y diagramas de los canales que estaban descuidados, de los que había que ampliar, y de por qué más allá de Tebas la cosecha de verduras había sido mala, y de qué contribuciones había que invertir dinero en unas doscientas ruedas hidráulicas para el suministro de agua. Tras él, el administrador del monopolio rendía cuentas, en las cuales estaban anotadas las cantidades negociadas de papiro, trigo, aceite y sal. Allí conocía el heredero que la fuente del poder que heredaría tenía ese origen, y que, como decía su madre, debería ser también la fuente de la libertad. Supo cómo descontaban los intereses los administradores del Banco real, de los reales astilleros y de las propiedades del trono y cómo con ello todos los comerciantes se enriquecían, mientras toda la vida de Egipto servía al tesoro de los Tolomeos.

Y su entusiasmo subía cuando, en la gran sala de audiencias, le eran presentados por el mariscal de corte, embajadores o extranjeros distinguidos, cuyos trajes y armas ya sabía distinguir: traqueres y bitinios, sirios y persas, trogloditas del Mar Rojo, nubios del Nilo superior e incluso chinos y mongoles. De nuevo aumentaba en él el respeto por su madre, pues muchas veces la oyó hablar con los embajadores en los idiomas nativos, lo que admiraba a extranjeros y a egipcios.

En la época del calor, entre dos y seis, no veía a su madre; nadie la veía. Eran las horas en que no quería ser madre ni reina. Así podía permanecer tendida en su diván favorito por largo tiempo, entre un poema de Safo que poco antes le habían dado del *Museion* y un espejo, acariciando un gato o releyendo un escrito de versos obscenos sobre las últimas novedades romanas. Luego se hacía traer las cartas de su agente romano, las leía y releía, y se preguntaba si Sexto sería lo suficientemente fuerte para debilitar a Octavio, y con eso afianzar a Antonio.

A veces —decían los espías de palacio, los eunucos, en voz muy baja—, en lugar del gato yacía a su lado un joven esclavo, pero no con frecuencia ni por mucho tiempo, y casi siempre había desaparecido por los bien conocidos departamentos del palacio.

Hacia la puesta del sol, cuando salía, llevaba a Cesarión a su izquierda. Vestía un traje de tela púrpura con cintas laconias, sin sombrero y llevaba una pequeña sombrilla: la guardia macedónica que rodeaba su carruaje llevaba sombrero de fieltro blando y los enormes lazos del tiempo de Alejandro, tan temidos en el mundo como los arqueros cretenses. Iba primero al *Museion,* luego pasaba frente a la biblioteca, adonde la llevaban las discusiones de algunos profesores que se sentaban en las ventanas, y Cesarión veía que la reina los saludaba con gusto. Desde lejos veía el Circo y las pistas de carreras, y en los baños públicos veían cómo los jóvenes gritaban y jugaban en el agua.

Luego, cuando alcanzaban el Tetrapilon, la cuarta puerta en el cruce con la calle principal, acortaban el paso; en el gentío buscaba la reina, con sus ojos inquisidores, lo que sus ministros trataban de ocultarle. A un metro de la calle la reina podía ver la pobreza, la estrechez y la mugre, y el olor de la carne podrida y de las cloacas. Allí veía a los niños en grandes columnas, ansiosos de aprender, a los sopladores de vidrio y los tejedores de telas, hombres y mujeres; las grandes fábricas de varios pisos en donde se hacía el papiro, de cuya venta fiscal había tomado conocimiento por la mañana. En ese lugar estaba el lino, en grandes bolsas; los soldadores de oro zumbaban entre las llamas, los forjadores de plata martillaban a cortos intervalos, los vendedores de persaco gritaban por las calles, pero los forjadores de cobre sobrepasaban a todos con sus golpes ensordecedores, y Cesarión parecía notar que estos hombres golpeaban con doble energía al paso de la reina, sin saber, claro es, si lo hacían por odio o por amor.

Tampoco las noches de Cesarión eran libres, pues debía hacerse saludar por la sociedad en los jardines del palacio real, debía aprender a observar las maneras de los famosos filósofos libres de impuestos, algunos de los cuales le habían dado clase aquella tarde. Aprendió cuánto debía permitirle a una cantatriz, cuándo debía retirarse sin que fuera eso motivo para no seguir escuchando tras la ventana de su pieza, las lascivas canciones cantadas al compás de la cítara.

Muy tarde encontraba Cleopatra a su hijo leyendo junto a la lámpara y luego reían juntos sobre las nuevas habladurías de la ciudad que habían escuchado en el jardín. Cuando ella se iba y lo besaba, veía él en sus dedos una gran amatista, pero lo que sobre ella sabía lo silenciaba. Dicen que, después, la gran reina se quedaba a veces ante un espejo por largo rato y pensaba en la soledad de su existencia y en los romanos.

116

Octavio y Octavia

Mientras tanto, Marco Antonio se divierte en Atenas. Octavia, su mujer, le gusta después de haber recuperado su figura, porque antes de los dos meses de matrimonio había tenido una hija de su antiguo esposo, ya muerto, hija a la que él, en ocurrencia generosa, llamó Antonia. Luego gozó en provocar a la seria dama. Parece que este hombre, a quien las mujeres no se resistían, la hubiese arrastrado por un momento en el torbellino de su sensualidad. Parecía una adusta profesora a la que un bello alumno hacía reír a la fuerza y que luego se avergonzaba un poco.

Dicen que Antonio era un hombre muy divertido. Cuando en las competencias deportivas contendían dos, iba él y levantaba a uno por encima de los demás, mientras la muchedumbre gritaba. En su puerta discutía con peritos y maestros, haciendo alejar a la guardia. Luego invitaba a toda Atenas a fiestas que pagaba la ciudad. Sobre el teatro hizo construir una glorieta al dios Baco, una instalación en cuyo centro estaba él con amigos bebiendo, rodeado de tamborines y flautas.

Octavio estaba feliz al ver a su cuñado tan lejos de Italia. En su presencia se sentía mal. Cuando Antonio supo que el joven se había hecho llamar "el hijo de las divinidades", decidió superarlo. Una noche apareció en la Acrópolis rodeado de antorchas, con una ruidosa compañía, y se hizo reconocer, por medio de heraldos, como 'Dionisio resucitado' Luego celebró su matrimonio místico con Atenas, y habiendo usado la estatua del templo, fue objeto de los epigramas venenosos de los atenienses; pero a la vez exigió de la ciudad el regalo de bodas en forma de un millón de dracmas, a lo que un consejero dijo: "Gran dios, Zeus tomó a Sémel, tu madre, sin dote!" Antonio rió, pero tuvieron que pagarle.

Como ya se ha dicho, Cleopatra lo sabía todo pero parece que en aquellos tres años no mandó un solo mensaje. Los autores antiguos anotan nada más una conversación en la cual él recuerda a su abandonada querida y a sus hijos, diciendo: "No puedo confiar en una sola mujer mi descendencia. Hércules, mi antecesor, llevó también su sangre a todas partes, fundando dinastías por doquier". Si ella supo sobre estas palabras, no debió de admirarse. Permanecía observando a distancia. Dicen que en lo hondo de su espíritu estaba la esperanza de que volvería por sí mismo.

En cierta ocasión le llegaron rumores de una posible desavenencia entre los cuñados pero después se esfumaron. Sexto Pompeyo, afectado por el brusco divorcio de su sobrina con Octavio, y siempre dispuesto a atacar a los cesarianos, había roto su promesa y había derrotado a Octavio en la batalla de Mesina. El heredero de César de veinticinco años había perdido la cabeza, había entregado el comando en medio de la batalla, había buscado refugio en la costa y luego, sin flota, había pedido auxilio a Antonio. Éste, por su parte, tenía también algo que exigir pues había ido al parlamento de Bríndisi al que Octavio, nuevamente repuesto, no concurrió. Las ofensas se renovaban y se acumulaban, y en dos oportunidades se evitó la guerra civil sólo porque los enemigos querían ganar tiempo mutuamente.

Octavio negocia, pero Antonio que, según su costumbre se había procurado inmediatamente un hijo, llamó también Antonia a la niña y se preparó para engendrar el segundo, porque lo que deseaba era un varón. Estas condiciones hacían a su mujer, aun como querida, poco interesante. Y cuando empezaba a aburrirse de ella, recurrieron a su mente los encantos de su amiga alejandrina. Contemplaba a su mujer y sentía repugnancia por su admirable virtud. La hizo requerir de amores por un amigo, y se molestó del nulo resultado de su estratagema. Entonces pensó en Cleopatra: "¡Ella podía lanzar al mundo dos hijos a la vez y permanecer seductora!" Octavia era sólo una madre de familia.

Era imposible divorciarse porque eso significaría la

ruptura con el hermano, y Antonio decidió que lo mejor era poner mar de por medio. En tanto, Octavia podía vivir en Roma con su hija y su hijo, como feliz esposa del triunviro, cambiándose cartas y saludos. Y no sólo le hacía falta Cleopatra sino también la libertad del soltero. Si marchaba hacia Egipto brillarían las posibilidades de alianzas políticas ventajosas, porque había que aprovechar los próximos años para quedar definitivamente como el más poderoso. Y como también a Octavio le gustaba tener alejado a Antonio antes que volver a las fricciones como cuando lo tenía cerca, le era de seguro, igualmente agradable la solución que Antonio proponía.

Así fue como, en Tarento, se renovó el triunvirato por cinco años: Antonio deja a su cuñado ciento treinta buques para combatir a Pompeyo y recibe a cambio dos legiones para la guerra de Persia, hecha hasta entonces en forma fragmentada e interrumpida con frecuencia. Para dar a los soldados una superstición, según la antigua costumbre, se convino el matrimonio de la hija de Octavia con el hijo de Antonio y Fulvia. Octavio, a los veintiséis años, compromete a su hija con el hermano de la niña que había sido su novia.

Marco Antonio arrojó los zapatos blancos y se convirtió nuevamente en General. Como una señal resonó el grito persa, cuyo llamamiento había sido por tanto tiempo apagado por sus periodos báquicos. Según la ley de las dictaduras, este general fue llevado a la guerra para cubrir por un tiempo rivalidades del triunvirato, pues era una guerra sin lógica ni razón. Quien quisiera conservar el poder debía luchar. Los papeles de César, que siempre acompañaban a Antonio y que a nadie confiaba, no habían perdido su fuerza simbólica, y su valor práctico se había renovado en los últimos años, cuando las inquietudes romanas invitaban avanzar hacia el tradicional enemigo.

Para luchar contra Persia se necesitaba dinero, aun cuando el ejército fuera pequeño, pues a pesar de que los cuestores sellaban cada día más monedas, las ropas seguían impagadas y descontentas. Octavio podía en propia tierra sobrellevar la situación, pero Antonio necesitaba dinero efectivo, necesitaba oro, porque era incierta la posibilidad de encontrar suficiente dinero en los robos y saqueos en Persia. El general sabía que podía encontrarlo en Egipto. ¿Acaso era inútil ser el amante de la mujer más rica del mundo? Entonces eran motivos políticos y prácticos los que se mezclaban en la aventura de este hombre y podía presentarlos a su gusto, porque siempre tenía uno adecuado para cada razonamiento. La riqueza de Cleopatra era la llave de Persia: Antonio tenía, a su vez, la llave para llegar a Cleopatra.

Y partió. Se despidió de su mujer en Corfú, y luego tomó la rama del olivo sagrado y el agua de la fuente de Clepsidra para llevarlas a la guerra —según consejo de un oráculo—. Octavia se separó de él como una leal esposa para dedicarse a sus niños, por entonces los hijos de Fulvia y su propia hija; más tarde serían más de los que ella imaginara. Sus sentimientos del deber, a la antigua usanza romana, le exigían sacrificar su bienestar personal en bien de la familia o en bien de la patria.

La despedida de los esposos era observada por un tercero: Octavio. Estos dos hombres no se volverían a ver. No le inquietaba a Octavio que en este asunto se sacrificara su hermana; lo deseaba. Si bien es cierto que quedaba solo para consolidar su posición y dominar a Pompeyo, se le atravesaba a la vez la posibilidad de que la victoria de su cuñado pudiera perjudicarle. Notaba que Antonio era querido en todas partes y estimado como General mucho más que él mismo. Pero debía llegar el día en que de la unión de los tres hombres, que eran en realidad sólo dos, sobresaliera uno como señor único y definitivo.

El reencuentro

Plutarco, el célebre historiador griego dice que "así como los caballos de Platón, dóciles y rebeldes, y como en el alma del hombre lo correcto y lo salvaje, así prescindió Antonio de todo consejo y reflexión y envió a Sapito para invitar a Cleopatra hacia Siria". No era admirable que la llamara; sólo era curioso que hubiesen pasado cuatro años sin hacerlo.

No se sabe si Cleopatra por dignidad pensó en evadir el reencuentro. Según la historia, los acontecimientos fueron demasiado realistas para eso. Antonio era un General, bajo cuyo mando estaba un gran ejército que iba destinado al Oriente y que no podía volver al Occidente; ella, en cambio, a pesar de ser reina y de reinar, era más fácil de conmover. Todo la atraía hacia el único que podía romper su soledad: también a ella la impulsaban todos los motivos privados y políticos; los de reina de Egipto y los de madre de tres hijos la llevaban a la misma meta.

Han pasado cinco años de aquella vez cuando bogaba por segunda vez por la bahía oriental del Mediterráneo, porque Antioquia está en la costa siria, frente a Traso. Tiene ya tenía treinta y dos años y es una mujer que sabe lo que quiere. Y porque conocía a Antonio demasiado bien, sabía que no era hombre de grandes hazañas. Nunca creyó que el genio militar se le hubiese transmitido a través de los planos y documentos heredados; nunca pensó en entregarle a él el sueño de Alejandro Magno. Ella, antes de verlo, sabía que era el mismo de antes, digno de ser amado, pero indeciso, y como había que trabajar con él, se decidió a llevar ella el mando. Era incierto que lograra desviarlo de su objetivo pérsico; la tarea era mantenerlo alejado de Roma. Si lograba separar de su naturaleza griega el mundo latino, podría hacerla reina del Mediterráneo oriental. Bastaba sólo algo muy fácil: de hacerlo a él rey de Egipto.

Cleopatra había abordado un buque para ir al encuentro de Marco Antonio. La acompañaba el heredero y testimonio del hombre que había engendrado este sueño mundial gracias a un desembarco casi casual en Egipto. Cesarión, que con este viaje debería abarcar una parte del nuevo mundo en ciernes, era indispensable en sus planes políticos: debería conocerlo todo, todos aquellos pueblos para que le honraran como el futuro señor. Esta mujer, que sobresalía en audacia y habilidad sobre todos los hombres del Mediterráneo, tuvo la ocurrencia de no presentar al General sus propios hijos; adivinaba que su presencia traería recuerdos de aquella época de su germinación, que lo serenarían. En cambio, le llevaba al hijo de César, y por ello debería imponérsele. Cuando se acercaba a la histórica encrucijada del mar, en la cual a cada conquistador se le abrían caminos hacia tres puntos cardinales, ordenó que se dispusieran todos sus vestidos para una gran parada; eligió collares, anillos y accesorios para cada traje con el fin de alcanzar un máximo de belleza en cada joya y en cada adorno... para el próximo reencuentro.

Mientras tanto, en el castillo de Antioquia había gran excitación. Antonio había querido recibirla con una fiesta nocturna jamás igualada, demostrándole que también un romano sabía celebrarla. Lo había reunido todo a lo largo de varias semanas y había recordado todo lo que en tantas fiesta contempló. Pero cuando la reina apareció a caballo escoltada por una guardia brillante y llevando a su lado al fino joven que podía ser su hermano, le pareció insignificante todo lo preparado.

Dicen que Cleopatra mantuvo a su amante a distancia durante dos noches. Cuentan que nada le reprochó, que se rió de él y con él; que no movió ni una mano, y que el General, sin embargo, se retiró desconcertado. Al segundo día estaba acordado el matrimonio y ambos se comportaron fríamente apegados a los cálculos. Antonio aceptó una moneda común en donde se llamaría sólo autócrata, no rey, porque de todos modos, a pesar de ser esposo de la reina, quería seguir siendo procónsul romano. Ella reconoció las ventajas, o mejor, la necesidad de aquellos: si él fuera rey o sólo hablara de divorcio con Octavia, se rompería el triunvirato, que de nuevo estaba prorrogado por cinco años, y automáticamente empezaría la guerra con Octavio. Era demasiado tarde apara convencerlo de que abandonara la campaña de Persia; así lo veía al contemplar el gigantesco campamento. Sería imposible llevar todas aquellas tropas hasta Egipto.

Cleopatra vio con aprehensión cómo sus miles de talentos irían hacia Persia, pues había contestado con un sí a las exigencias de oro. Se extendió un tratado oficial entre los dos poderes.

A la tercera noche, se sintió en los pabellones el rumor de la música; cientos de oficiales del estado mayor de Antonio y de la corte de Cleopatra se hermanaban junto al espeso vino dulce que daba la tierra de Sitia. Había bailarinas nativas, pertenecientes al campamento, a quienes acosaban los soldados. La amistad y la alianza se sellaron en media docena de lenguas, y los príncipes sirios que habían sido invitados los acompañaron entusiasmados, sin dejar de sonreír socarronamente, pues ellos habían visto nacer muchas alianzas que terminaban en furiosas peleas.

La reina se había puesto un traje plateado y zapatos de alto tacón que la hacían parecer más alta. En su cabeza brillaba una diadema adornada con infinidad de piedras preciosas, que en opinión de Antonio, eran las más bellas del mundo. Allá, en el centro de un pequeño departamento, estaba inclinada examinando varios planos y mapas. Ella, la reina de Egipto, exigía un regalo de bodas ante un gran mapa geográfico: las antiguas provincias que los faraones poseían desde hacía siglo y medio. Conquistar aquello de un golpe para sus egipcios, especialmente para los murmuradores macedonios, que desde hacía un siglo pensaba en un reino dentro de su propia casa, era el camino para ahogar todas las oposiciones a su matrimonio con el romano y para destruir todas las observaciones que se hicieran a su coronación, con toda la magnificencia y el poder que correspondían. Porque lo que ella pedía, si bien no era de Roma, pertenecía a príncipes que se sabían vasallos de su poder.

Se refería a tres puntos que había señalado en el mapa. Eran: la península de Sinaí, una parte de la Arabia Pétrea, el principado de Calcis; una parte del valle del Jordán, Jericó; parte de Samaria y Galilea, la costa fenicia, el Líbano, Chipre, una parte de Creta y aquel trozo de Cilicia que contiene cinc, cerca del Tauro, hasta los bosques de cedros.

En un principio, Marco Antonio casi cae desmayado de la impresión, pero termina aprobando la petición de la reina, quien aunque sonriente, permanece fría e impasible. Todo se podía hacer menos lo de Herodes, pues recientemente lo había hecho rey de Judea, por lo que había que dejarle Jericó, y al rey Malcos de Sinaí no podía eliminársele, sino que los administradores egipcios quedarían bajo tutela y garantía de Herodes. O sea, que era posible una pequeña oposición. Cleopatra terminó aprobando ella también sin palabras. Al final asió del brazo a su esposo y regresó con él a la fiesta.

Marco Antonio en campaña

Antes que el ejército de Marco Antonio partiera para Persia, llegó a Roma la noticia del Tratado de Antioquia y del matrimonio de Antonio con Cleopatra. Obviamente los burgueses y los nobles estaban escandalizados pero los emisarios del General argumentaron que Roma no era grande por lo que tomaba sino por lo que regalaba: en todas partes había Antonio fundado dinastías, y una docena de reyes lo adoraban, lo que entonces regalaba Egipto, aumentaba solamente la fama de Roma. En tales frases resultaba grande Marco Antonio.

Pero Octavio no se dejó convencer. Si bien es cierto que no se decidía a acusar ante el Senado a su aliado, no lo hacía sólo por no reconocer un poco el poder a aquella rama legislativa que despreciaba. Sus luchas con el último Pompeyo habían sido duras y no era lo bastante fuerte para buscar la ruptura. Todo esto lo sabía Antonio cuando se atrevió a provocar a su cuñado con el doble matrimonio, y aun cuando sabía que había una ley sobre el derecho a la poligamia —proclamada por César—, no pensaba en llevar a Roma a su mujer egipcia.

Nadie debía protestar en Roma porque un triunviro fuera casi rey en un país extranjero, y si alguien osaba hacerlo, se le mostraba la moneda en la que no había una palabra que indicara la existencia de un rey de Egipto. Todo aquello era una forma hábil y discreta para hacer de Egipto una provincia romana sin que los egipcios se percataran. Y para dejar en claro que no había nada de malo en ello —según Marco Antonio—, había enviado junto a la noticia de su segundo matrimonio, una amistosa carta a su primera mujer y otra a Octavio, su hermano. El General estaba convencido de lo perfecto de su papel y, romano entre romanos debía encontrar justa explicación a todo.

Por otra parte, había actuado de manera juiciosa muchas semanas. Con Cleopatra a su lado, pasó revista militar después del matrimonio. Dicen los historiadores que el espectáculo fue grandioso: sesenta mil infantes romanos, diez mil jinetes, españoles y galos, y treinta mil infantes y jinetes no romanos: así era el ejército que César había calculado en sus planes de conquista. En los mapas, Antonio mostraba a su esposa la ruta de César: más larga pero tal vez más segura, desde el Norte, para unir a romanos y a orientales en el Asia Menor. Una campaña colosal y un lugar de sitios imponentes. Avances hasta el Aras. Ahí encontraría seguramente la famosa caballería persa, por la cual se interesaba especialmente el ex comandante de caballería.

Poco después la reina, embarazada de nuevo, acompañó a su esposo y a su ejército hasta el Éufrates. En Zeugma lo despidió, dispuesta a emprender el regreso a Alejandría. Se fue por el Líbano hacia Damasco, luego bajó por el Jordán hasta Jericó. Ahí la saludó el rey Herodes, cuyo elegante doble sentido había cautivado a Antonio. Luego atravesó una porción de aquella Judea que le pertenecía. Aquí proyectó Herodes su asesinato. Esto no era difícil, dadas las contingencias del camino, y creyendo que con ello hacia un favor a su amigo Antonio. Al final no se atrevió, pero, en cambio —cuenta Josefo— propagó la noticia de que la hermosa dama lo quiso seducir, manteniéndose él inflexible. Con estas dos miserables fantasías y con un regalo de ramas de bálsamo, rozó Herodes la vida de Cleopatra. Si en aquella oportunidad la hubieran asesinado con su hijo, habría sido no la historia de Egipto sino la de Roma la que habría tomado otro camino. Marco Antonio habría seguido otros rumbos y Octavia, su esposa romana, hubiera tenido tal vez media docena más de hijos.

Pero Cleopatra, en la realidad, trajo su cuarto hijo al mundo —recordemos que en el parto anterior tuvo gemelos—, en su palacio de Alejandría. Una mujer de su clase puede tener sólo hijos, y una hija sólo puede nacer como anejo (*plus*) de un hombre. Otra vez, como entonces, el padre estaba lejos, pero ahora era su esposo legal y los cortesanos debían expresar sus parabienes y los sacerdotes elevar sus plegarias de buenaventura. Y Cesarión se preguntaba por qué Antonio no podía ser rey de Egipto a la vez que romano.

Apenas se completaban tres meses de campaña en Persia cuando Antonio ya perdía la paciencia. No le importaba jugarse la corona entre el vino y el amor. Sin embargo, esta campaña, le dio oportunidad para quedar en la historia como un hombre. Su voluntad se probó en dos oportunidades:

Cuando el General romano avanzó hacia el Oriente, toda el Asia interior hasta Bactriana, tembló. El rey de Armenia, un vecino y enemigo de los persas y de los medos, cuya cooperación era básica en los planes de Antonio, había recibido a los romanos con todo esplendor, les había proporcionado tropas y consejos y no tenían razones ni predisposiciones para la traición. Este Artabaste, que no sólo era rey y soldado, sino poeta y filósofo, fue conocido por Plutarco a través de algunas tragedias y otras obras. Tal vez lo decepcionara la persona de Antonio, pues él, bastante experto, no pudo descubrir en su carácter el genio de un conquistador.

Lo cierto es que Marco Antonio perdió la paciencia en Media y extendió la noticia de que pensaba regresar al mar antes del invierno. "Obraba —dice Plutarco— en este punto, sin resoluciones claras, como hombre que está bajo la influencia de un mágico poder". Antonio no era de los hombres que la nostalgia por la mujer le hiciera abandonar sus propósitos. Él encontraba en la guerra lo que buscaba. Es posible que le hubiese asustado la gigantesca extensión de aquellas tierras pues no tenía el carácter de Julio César, y que hubiese querido volver a los alegres días del hombre dionisiaco, lejos de ahí. Quizá se encontrara incapaz de desarrollar el plan mundial de César y demostró que sólo había sido el brazo derecho y que su cabeza no podía ser reemplazada por unos pocos papeles de un legado, ni sus pasiones por su orgullo. Así, pues, se lanzó a la catástrofe.

En lugar de preparar cuarteles de invierno en Armenia, para luego aprovechar la primavera, época que los persas acostumbraban a salir, se abalanzó en marcha violenta hacia la capital de la Media y tuvo que abandonar los trescientos carros con equipo de sitio, que no podían movilizarse tan rápidamente, ni podían ser reemplazados o separados, porque en aquellas regiones no existe madera dura. Así pudo ser aislado y destruido todo el equipo por algunos enemigos, mientras él, inútilmente, sitiaba la ciudad

Los aliados armenios desaparecieron de repente; en ninguna parte de la tierra extranjera había ayuda, el ejército debía regresar, siendo castigado, además, por los enemigos que salían de la misma ciudad. Antonio condenó las legiones culpables a terribles castigos, les dio cebada en vez de trigo, la más terrible deshonra de los soldados romanos, porque con ello, se sentían equiparados a animales. Allí se encontraron a un compatriota rezagado desde la última derrota romana en la época de Craso, y que fue hallado por casualidad, quien pudo señalarles el camino hacia el mar. Todos los miles de hombres que debían conquistar las viejas águilas romanas, para lo cual hicieron resonar las calles de la capital, trotaban ahora tras un romano considerado como traidor por varios generales y soldados. El invierno cayó sobre las montañas; con él el hambre y con ésta las pestes.

"¡Aquí fue Antonio un gran hombre! —escribe Plutarco—. Amaban a su general y para ello tenían muchas razones: su origen, su dominio de la oratoria, sus maneras abiertas, sus costumbres generosas y la seguridad al hablar con cualquiera; pero ahora se agregaban la bondad y compasión para cada enfermo, el compartir con cada uno los sufrimientos, el procurarles todo lo necesario, tanto, que los heridos y enfermos estaban más dispuestos a servirle que los sanos". En esos lugares había plantas venenosas que enloquecían a los hambrientos, que empezaban a mover sin sentido piedras gigantescas; se les daba vino como contraveneno y mejoraban, pero luego hasta el vino se acabó. Había allí espías y revoltosos que pertenecían a pueblos aliados, a pueblos que habían estado en amistosa alianza, pero que convencidos después de la superioridad de su raza, culpaban a los otros; y cuando al fin la insurrección llegó hasta su propio carro y sus soldados robaron sus objetos de oro, salió él mismo a defenderlos, espada en mano.

Las cosas habían llegado a tal grado que, cuando el mismo Antonio empezaba a desconfiar del guía romano, cuando el brillante campamento estaba convertido en una banda de ladrones, cuando la animosa juventud se había convertido en un cuadro de enfermos y lisiados, hizo jurar a su confaloniero (portaestandarte) que si él moría, o lo mandaban matar, le cortaran la cabeza para que sus enemigos no lo reconocieran. Una vez más en su vida debía repetir aún esa orden frente a su segunda catástrofe. Finalmente, a los veintisiete días de la retirada, alcanzaron el mar. Miles de hambrientos y sedientos se abalanzaron hacia él. Lo que quedaba del brillante ejército se sintió salvado; casi la mitad se había perdido, "¡Oh, ustedes, diez mil!" —dicen que exclamó Marco Antonio, apesadumbrado.

Obviamente Cleopatra fue informada de todos esos acontecimientos. A ella, en lo personal, le convenía el curso que habían tomado, porque si pensaba en su propia suerte, en el destino de Egipto y en el de sus cuatro hijos, no tenía motivos de queja. Si el General hubiera tenido una gran victoria en Persia, ésta lo habría hecho un nuevo "triunfador" romano, por lo que se celebraría un gran desfile frente al Capitolio con la presencia de su virtuosa mujer romana. ¿Qué habría sido la reina de Egipto para un Antonio vencedor? Su oro y su belleza, la herencia de los Tolomeos, sus tesoros y sus juegos eróticos, ya le habrían sido conquistados. ¿Por qué, entonces, amilanarse por un incidente en que el romano tenía que caer como consecuencia de su doble vida? De hecho, a Cleopatra le convenía un Antonio derrotado; así estaba apto para Egipto. Él sabría resistir las burlas porque los generales romanos estaban cuidadosamente educados en el arte de ocultar las derrotas y convertirlas en victorias, y, los grandes de su corte, podían ser acallados con el hecho de que el General había sido generoso con la patria, otorgándole reinos y provincias.

Los nuevos señores de Egipto, como antiguos egipcios, jamás habían tenido buenos combatientes. Cuando se extinguió la ardiente cola del cometa de Alejandro y quedó sólo como una brillante estrella fina en el firmamento de la Historia, sus sucesores, a lo largo de tres siglos, aprovecharon su luz en lo que se refiere a hazañas militares. En oro y lujo, y también en ciencias, su corte se asemejaba a la de los faraones, aun cuando en el fondo despreciaban la nebulosa teogonía de los egipcios, los alejandrinos asimilaron el carácter tranquilo y antimilitar de los habitantes regionales, tanto más agradable para ellos cuanto más se alejaba de las virtudes de su pueblo de origen.

Esto debía obrar sin resistencia en una reina que enriquecía y aumentaba sus tierras sin armas, gracias sólo a que sabía ser mujer. El futuro parecía estar asegurado por el joven César Tolomeo, a quien podían reemplazar todavía dos hermanos, también semirromanos. ¿Quién en Alejandría podía, entonces, demostrar su descontento porque Antonio hubiera sido derrotado en las lejas tierras pérsicas? El único que podía reprocharlo no estaba en Egipto sino en Roma y era el otro triunviro.

Sin embargo, Octavio también tenía sus buenas razones para desear la derrota de Antonio, y mientras ofrecía sacrificios en los templos por el triunfo de las armas de Roma en la popular guerra de Persia, volvería seguramente en secreto el pulgar hacia abajo, porque también para él era peligroso un Antonio vencedor. Después de una discusión había depuesto sin más trámites al débil Lépido, asignándose a sí mismo la parte africana; luego, mediante su amigo y general Agripa, porque siempre supo hacer triunfar a los demás para su propio bien, venció y deportó al último Pompeyo. Esta guerra civil duró siete años, que fue más corta que la de César, pero que mantuvo en la incertidumbre a todo el sur de Italia y a las islas.

En ese entonces Octavio, a los veintisiete años, que nunca había ganado una batalla, que no tenía una gota de sangre de César, ni un solo rasgo de semejanza con él, ni físico ni espiritual, estaba a la cabeza de cuarenta y tres legiones de muchos miles de jinetes y de seiscientos buques.

A Cleopatra le informaban, también, todos los pasos de Octavio, al que odiaba. Así se enteró que recientemente había hecho colocar el carro de victoria de Antonio en el Foro, frente a la tribuna de los oradores y que llevó al templo su monumento. Supo que dos meses antes había mandado mensajeros secretos al rey de Armenia, para hacer más honda la caída de su aliado y cuñado. Educada entre criminales mujer sin conciencia, ella era capaz de eliminar a cualquiera que obstruyera su camino; pero aquella canallada no podía aceptarla; era demasiado reina para ello.

Al rescate del General

Así, pues, cuando llegó a palacio el grito de auxilio lanzado por el General, Cleopatra estaba dispuesta a cambiar de política y ayudar militarmente a su esposo romano. Éste se encontraba en la costa siria, en la "Aldea Blanca", no lejos de Sidón, y le mandaba un mensajero tras otro en busca de auxilio. Esta vez, para la tercera aproximación, no llenó con tapices ni con servicios de oro su trirreme, ni llevó sus arpistas, ni jovenzuelos que tocasen los timbales. Esta vez, todo estaba lleno de zapatos y de uniformes, de abrigos y de aras para miles de soldados devastados, y luego llegaron sacos llenos de oro, pues el tesoro de los Tolomeos parecía inagotable, sólo comparable a la fuerza de absorción de Marco Antonio.

En aquellos aciagos días, éste se sentaba a toda hora a la mesa y ahogaba sus rabias en alcohol, blasfemaba y juraba que la segunda vez destruiría a los persas, incluyendo a los armenios. No obstante, de vez en cuando —dice Plutarco— iba de la mesa hacia la costa para ver si aparecía la vela del Nilo. Y cuando por fin llegó rebosó el agradecimiento de todas las legiones hacia genio de la reina, y el general fue de tienda en tienda para alabar a su mujer, que había llegado trayendo la salvación a todos. Pero no bien se hubo recuperado un poco, olvidó lo mucho que aún le faltaba y aumentó su deseo de venganza, en especial contra los desleales armenios.

Sin embargo, pronto empezarían las desavenencias entre los esposos. Él quería ir al este pero la mujer le ordenaba ir hacia el oeste. Él quería la fama, pero la mujer le indicaba la casa. Así, pues, entre la lucha de voluntades, Antonio y Cleopatra se peleaban y después se contentaban, y el enemigo agregó lo que faltaba para llevar al General a la solución de esta tremenda crisis.

Para ese entonces, en el campamento de Siria los generales se dividían en dos partidos y la crítica al jefe crecía por momentos. Estando así los ánimos, llegó de Atenas un mensajero, Níger, un romano distinguido, a quien enviaba Octavio para obligar a Antonio a tomar una decisión. Para ello había mandado a Octavia, su hermana, con tropas, armas y ropa, a fin de que las llevara como ayuda al esposo derrotado. Anexaba una carta consoladora, diciéndole cómo se las había arreglado para no decir a su pueblo la verdad del resultado de la campaña de Persia. Antonio se encontraría ante una encrucijada y Octavio lo sabía. A éste no le importaba exponer a su hermana a la deshonra, con tal de poder despertar el desprecio y la decepción de Roma contra Antonio. Habría que escoger entre el trono de un rey y la amistad de su poderosa patria.

En la quilla de los buques de Octavia, bajo todas las armas y equipos, descansa un mundo bien conocido por el hombre: el mundo romano. Foro y Capitolio, arena y Senado, las frescas villas de la *campagna* y las sórdidas tabernas de la Vía Apia; triunfos embriagadores y el bien conocido zumbar y resonar de las competencias. Todo en la lengua materna, en los tonos de la juventud, todo a la sombra del nombre de César: ¡fama y templos! Con tantos recursos, con tantos llamamientos de la juventud y del hogar ¿debería esperar Octavia la victoria?

Pero la otra, Cleopatra, tenía una ventaja que no podía sobrepasarse. No era el oro ni el trono real: era su presencia. Si hubiese poseído Octavia el espíritu de lucha y el valor de su rival, habría ido ella misma hasta Siria y hasta su esposo: al fin habrían estado ambas mujeres frente a frente. Pero la romana era demasiado "dama", demasiado de la "familia", para desear una lucha. Eso podía arriesgarlo una reina que era a la vez amazona y conocía las artes del amor, y sabía que lo que hacía estaba bien hecho porque ella lo hacía; pero no una patricia burguesa, cuyos procedimientos estaban expuestos al comentario y la resolución de los otros burgueses.

Cleopatra sabía muy bien su juego y el mismo Plutarco lo describe como "una sublime actuación magistral: "su mirada revelaba, cuando aparecía ante él, una especie de fascinación; si se iba, lo miraba con gesto cansado, como martirizada. A veces lo sorprendía medio ebrio, se secaba rápidamente las lágrimas y hacía como si quisiera ocultarle sus dolores. A la vez, los regalos de oro corrían hacia sus oficiales, y tal vez también sonrisas prometedoras de felicidad, para que le dijeran quien era la verdadera enamorada, ya que esta gran reina no sobreviviría al dolor de perderlo".

Fue así como Antonio mandó a su esposa romana la respuesta hacia Atenas: que "mande inmediatamente las tropas y provisiones; de todos modos, su hermano le adeuda desde hace ya algún tiempo toda una escuadra. Pero ella no tiene para qué seguir molestándose con la continuación de su viaje, pues él está a punto de reiniciar su campaña de Persia y aquel mal clima podría no caerle bien a ella". Envió saludos para su hermano; "cuando volviera vencedor de Persia habría seguramente un feliz reencuentro".

Níger se inclinó ante el General, luego ante la silenciosa reina y regresó. Antonio dio órdenes para hacer llevadero el invierno a sus tropas, para alistarlas y dejarlas aptas para la campaña de Armenia en la próxima primavera, saludó alegremente a todo el mundo y se fue con su reina a Alejandría.

Los festejos triunfales

Para el año 34 a.C., Alejandría había cambiado. Hacía mucho tiempo que se había extinguido el "Club de los

Inimitables" con todas las locuras de aquel báquico invierno. La confusa y curiosa posición de ser esposo de la reina, sin ser rey, de ser autócrata egipcio sin dejar de ser procónsul romano, posición intermedia que pretendía y no podía salvar sus dobles condiciones inconciliables, no permitían que saliera a la superficie aquello sin lo cual no podía vivir: la alegría.

Se ofrecieron suficientes fiestas y una apreciable cantidad de animadas horas y semanas, porque el genio de la reina era inagotable para inventar sutiles o salvajes placeres. Había ya tres niños y una niña en el palacio y con sus treinta años, ella era aún una madre joven; él, en cambio, se acercaba a los cincuenta y había engordado. Se había producido una vida matrimonial y ambos debían notar a veces su incapacidad para ella, especialmente durante las calmas en el mar de los acontecimientos. Antonio se rodeaba entonces de círculos de oficiales romanos, como si no quisiera mostrarles su decadencia; en todo caso, ¡Allí se podía hablar en latín!

Mientras los romanos se percataban de la crítica mirada de la corte alejandrina, con sus eunucos, por el tipo de vida que se daban a sus expensas, la reina, sensible y hábil, hacía todo lo posible por halagarlos. A un senador romano lo hizo director de las fábricas reales de tejidos; a un mayor, director de los juegos circenses. A él mismo, a su esposo, le mostró muchas obras que correspondían a sus actividades militares. Especialmente le preocupaban los planes de la campaña de Armenia, que eran cortos y fáciles; una victoria en aquellas tierras podía desviarlo de sus planes mundiales. Cleopatra, como gran administradora, sabía aprovechar todo lo que había disponible ¿Para qué estaban allí los gemelos? Y así, el pequeño Alejandro, el gemelo, fue propuesto en matrimonio para la hija del rey de Armenia, a fin de asegurar completamente su lealtad.

Por su parte, Cesarión, a sus once años, preparado e instruido por filósofos y maestros griegos, y guiado por su inteligente madre, sentía la responsabilidad de un gran origen, y su alma juvenil emanaba virtud y valor, generosidad y nobleza, como si el pasado le exigiera grandes hechos para el resto de su vida. Dicen que a veces se acercaba a Antonio y le preguntaba por César pero que éste lo eludía, y que él hijo de César no comprendía todavía por qué lo hacía. En Antonio no había el abnegado espíritu de un héroe.

Cuando en la primavera se aprestó la guerra, le gustó un poco más. Esta vez la campaña fue también feliz. Con el recurso del noviazgo de los niños, fue posible conservar la lealtad del rey de Armenia, a pesar de su falsa conciencia. Luego, cuando fue a la formalización de la alianza, fue recibido con cadenas de plata, sin que la Historia diga si la plata fue del rey o la pusieron los poetas. La lucha con aquellos que quisieron liberarlo, fue fácil y corta. Todo se convirtió en un increíble saqueo, en el cual las legiones destruyeron una estatua de oro de la diosa del país y se la repartieron; esto fue un *novum* aun para las costumbres romanas, y Antonio se alegró de que los soldados se pagaran a sí mismos.

Más que nada, podía afianzar en Roma su nombre con noticias de victoria amargando con ello a Octavio, lo que había sido, en realidad, el motivo principal de sus luchas. Enseguida hizo propagar la noticia de su campaña en Persia. El rey de los medos, que estaba mal con los persas, se manifestó dispuesto a cooperar, y el gemelo masculino, que había quedado libre después de la aventura de Armenia, fue prometido a la princesa meda.

La aventura quedó terminada en un par de meses de verano. Cleopatra vio satisfecho su objetivo de procurar a Antonio una fácil victoria. Este hombre, según sus conclusiones, necesitaba mucho vino para embriagarse, pero muy pocas victorias para emborracharse de gloria, ya que estaba acostumbrado a aquello y no a esto. Ahora volvía a ella un Antonio confirmado como gran estratega, que se sentía igual a César, un hombre feliz y capaz de arriesgar por su bella y poderosa mujer todo lo que los dioses le ofrecían.

Dicen que él nunca supo cuán hábil era Cleopatra. Ésta, desde hacía ya años lo había preparado todo; desde su casamiento y desde el tratado de Antioquia había desligado de Roma cada día más a aquel hombre ligero e ingenuo, con todo el arte de su política e ingenio. Había llegado el momento de cortar la última hebra. Cesarión debía ser en adelante el rey de Egipto.

Mientras tanto, al otro lado del mar, Octavia cuidaba de sus hijos, cuatro de ellos de Antonio. De todas las mujeres cuyos nombres conserva la Historia de aquella época, fue la única que vivió alejada de los acontecimientos, sin ansias de oro, de fama o de placeres, desempeñando el papel de la pupila sin responsabilidad, que no quiere dejar nada en el suelo, en medio de la celebridad de la vida de aquel desenfrenado periodo. Lo hacía sin ruido moralista, y parecía que era precisamente el tono falso de su hermano, el mentiroso mayor, doblemente sonoro, lo que había hecho de la serenidad su forma de vida, lo cual, en realidad, no correspondía a la hermana del más poderoso de los romanos. Como las murmuraciones romanas no la alcanzaron ni cuando tenía más edad, parece que indudablemente vivió sin hombres, a pesar de que no era mayor que Cleopatra y estaba considerada como hermosa.

Analizando la vida de Octavia, tal vez se hubiera impregnado de la parte fría de su familia, esa parte que faltaba en su hermano, o tal vez fue suficientemente religiosa o filósofa para considerar irónico el papel que le había asignado el destino. En todo caso, con su seriedad aparecía como anticuada en aquel círculo, lo que sin duda le agradaba. Y, sin embargo, la sociedad estaba muy pendiente de esta hermana de Octavio, y éste explotaba su virtud como un tributo de la casa, pues empezaba ya a perfilarse como emperador. Por eso se sintió feliz cuando Antonio mandó a casa a su mujer romana; con gesto altivo, él ordenó a su hermana que dejara para siempre la casa de tal hombre.

Ella se resistió y Octavio recibió la negativa de su hermana casi al mismo tiempo que el no de su rival. No se le podía echar la culpa de una guerra civil: tal había sido, ahora también, el argumento de Octavia. Ella permaneció en su casa, atendió a los hijos de Antonio y recibió a los amigos del esposo ausente. Porque cuando a él le piden que proteja a alguien en Roma, escribe rápidamente una amistosa carta a su mujer romana, sin darse cuenta de que sus generosos rasgos son a costa de ella. Todo el mundo alababa su paciencia y censuraba a su infiel marido.

Pero la multitud romana era inconstante, como Antonio, y no en vano había honrado la victoria, durante dos siglos, como a una mensajera de los dioses. El sol de la fama que Antonio concentraba en el espejo de sus palabras jactanciosas, haciéndola irradiar desde las columnas de los templos romanos, lo hizo rápidamente una nueva figura, y como su imagen estaba más cerca del pueblo que la de Octavio, todos estaban felices de poder amarlo otra vez.

Octavio, para ganar popularidad, empezó rápidamente a disponer juegos públicos hacía tiempo olvidados. Ordenó la realización de una lotería en el circo, y dio, para terminar, un gigantesco banquete a los que más rápidamente alcanzaron las metas, terminando todo con una grandiosa donación que debería hacer popular al generoso donante. A la vez, organizó nuevas tropas, que sólo en Italia sumaron treinta legiones. En el Senado insinuó el peligroso crecimiento de Egipto, con sus nuevas provincias e islas, sin referirse, por supuesto, al otro triunviro.

Antonio contestó al Senado romano que sólo había regalado lo que a otros pertenecía y que los reyes vasallos estaban acostumbrados a estos negocios de cambio. Por otra parte, Octavio —y él lo atacaba directamente—, se había asignado sencillamente las provincias de Lépido, destituyéndole, incluso Sicilia y Lardonia, tomadas al último Pompeyo.

Había repartido además, media Italia entre sus veteranos y no le había devuelto ni uno de los buques que le correspondían. Después que los partidarios de Antonio explicaron todo esto, a la sesión siguiente acudió Octavio al Senado y observó, con su voz avinagrada, que entregaría la mitad de las provincias inmediatamente después que Antonio hiciera lo mismo con Egipto y Armenia. El aplauso fue inmenso, pero nadie sabía que Octavio y sus secuaces llevaban puñales bajo las togas, por si acaso, recordando el día en que atacaron al desarmado César.

Cleopatra tuvo que intervenir para que Antonio no contestara de manera insolente a esta provocación. ¿Egipto provincia romana? La reina se valió de todas sus energías pues había que demostrar al odiado heredero de César quién era el que mandaba en Egipto. De momento se lanzó contra Marco Antonio. Le habló de las argucias de su poderoso enemigo; del lugar que les correspondía sus hijos egipcios; del peligro de volver a Roma; de las fuerzas de poder que habían reunido sus adversarios y que no compartirían con él; evaluó la nueva alianza meda como el baluarte más seguro para una futura campaña pérsica; se refirió al floreciente comercio de Egipto y a sus tesoros. Los oficiales que se sentían superiores, hicieron lo demás, y a los pocos días se acordó una proclamación decisiva, que tenía por objeto preparar una mascarada no sólo para los participantes en ella, sino también para el pueblo que los circundaba.

A pesar de todas las razones y argumentos que se le plantearon, Marco Antonio no se atrevía a dejar aún las riendas de su carro de victoria, por el temor a caer más rápidamente en el abismo. Seguía apostando al doble juego de ser alejandrino y a la vez romano, y no aceptaba ser llamado rey. Asimismo pudo notar que, en tal materia, su mujer no insistía como en otras. Esto se debía a que Cleopatra pensaba en su hijo mayor. Su pasión invencible era coronarlo mientras ella viviera todavía, para que pudiera continuar su sueño. Cesarión debía ser César. Pero esto era tan extraordinario en Alejandría, que necesitaba para ello la poderosa voz de un amigo, y un ambiente histórico mundial, ya que Cesarión, que era medio romano, no podía, simbólicamente, ser coronado sin la presencia de un romano. En estas combinaciones que urdía para su pueblo y para la Historia, su habilidad política deslumbraba por encima de la de todos los hombres reinantes de su época, mostrando cómo sabía unir, con vivacidad y agudeza, el arte, la comprensión y el ingenio tradicional de las tierras de levante, todo esto mezclado con el instinto de que sólo las mujeres están dotadas.

Por primera vez se celebra un desfile triunfal en las calles de Alejandría. Por primera vez, se llevaba a un romano sobre la biga por las anchas calles de una capital que no es Roma, además, un honor de siglos, pues los que gritaban y aplaudían lo hacían en griego o en otros idiomas, y con otros gestos y otras alabanzas. Jamás Alejandría, la ciudad gigantesca, había vivido las horas que disponían el estilo y los deseos de un hombre y de una mujer.

Ésta es la reseña de uno de los más reconocidos biógrafos de la reina de Egipto:

"Al amanecer vino el desfile, desde el palacio y sobre la colina de Poquias hasta el Foro, a través de los jardines y hacia la calle principal, junto al sepulcro de Alejandro a los de los reyes Tolomeos, al gimnasio y al museo, Las legiones romanas, abriendo el desfile con escudos en que estaban grabadas las letras S.P.Q.R., llevaban encadenados, tras ellos, al rey de Armenia y a sus hijos. Esta vez las cadenas eran de oro. Luego iba el carro de Antonio, tirado por cuatro caballos blancos. Le seguían prisioneros armenios, luego vasallos principescos, adornados con coronas y guirnaldas, luego las tropas egipcias con arqueadas espadas pérsicas, y al final, nuevamente, legionarios romanos.

"Sobre su trono, en el centro de una amplia plaza, esperaba Cleopatra al vencedor; éste descendió y le presentó a los prisioneros. Entonces recordó el rey armenio que era poeta y se inclinó ante ella, pero negándose a arrodillarse. Le habló sólo por su nombre, y mientras los esposos intercambiaban miradas, comprendieron que por ello deberían perdonarle la vida en vez de quitársela al día siguiente. Así pasó. El pueblo, por su parte, se lanzó a un banquete como jamás se vio otro, y estuvo bien que la coronación se celebrara al día siguiente: aquella noche Alejandría se durmió borracha.

"A los pocos días, en un lugar situado en los alrededores de la ciudad, se celebró un espectáculo con otro significado. Se construyeron seis tronos; dos grandes, de oro, y al frente, cuatro menores, de plata. Era el mediodía. Una cadena de carros abría el desfile. Sobre ellos iban depósitos que por medio de mangueras o con jarras distribuían el vino y los animales eran viejos conocidos del pueblo alejandrino. Cuando, por fin, los actores principales tomaron sus lugares, Antonio estuvo en su papel favorito: Dionisio (dios del vino), con su manto de tela púrpura bordado con hilo de oro, la corona de efebo en los bucles todavía rubios, y la vara de tirso en la mano. Y a su lado venía sentada Isis, la Afrodita egipcia, con la doble corona de sus antepasados, rígida sobre la frente, afirmada en oro y plata, tan inmóvil como los cuadros de los dioses en los muros de los templos, aquellos cuadros que enseñan cómo, mil quinientos años antes, brillaban los faraones encarnando a Isis. Sólo ella estaba sentada porque aquel día Cleopatra era diosa.

"Frente a ellos, y frente al primer trono estaba Cesarión: un espigado niño de catorce años, vestido al estilo macedónico, luciendo la corona que durante trescientos años habían llevado todos los sucesores de Alejandro; a un lado le colgaba la corta espada romana. A los gemelos, que tenían cinco años, se les colocó en la parte más alta para que el pueblo pudiera contemplarlos. Alejandro, con traje armenio, llevaba una tiara sobre su pequeña cabeza y una túnica con mangas y pantalones, según la costumbre pérsica;

la pequeña Cleopatra, estaba vestida de seda blanca, con una delicada diadema lídica; y por último, el Tolomeo de dos años, totalmente macedónico, llevaba botas altas, clámide y sombrero de fieltro, y también una diadema. Cada niño estaba custodiado por su guardia de honor, ataviada con sus uniformes nacionales.

"Tras las fanfarrias se levantó la amenazante voz de bajo de Marco Antonio. Habló de sus victorias, luego leyó la lista de todas las tierras que dos años antes, en Antioquía, había regalado a la reina; no dijo nada de Roma, sólo habló de sí mismo y parecía detenerse con gusto en sus aventuras. Después proclamó la iniciación de un nuevo cálculo del tiempo, que se encontraría en todas las monedas, implantado por ella, Cleopatra, la séptima reina de Egipto, Chipre y Siria. "El que está ahí, César Tolomeo, será hoy proclamado 'Rey de los Reyes', como corregente de su madre sobre Egipto. El niño Alejandro será rey de Armenia y de Media; reina de Lidia la hermana gemela, y el menor, Tolomeo, rey de Fenicia y Cilicia".

"Y en medio del griterío de la gente y del amenazante tocar de timbales, los tres niños corren entre los guardias hacia sus padres, para saludarlos, con sus coronas sobre la cabeza. El sol se ponía; estaba calculado el programa".

Cleopatra no se movió. Hacía el papel de diosa para sus egipcios como lo hacía todos los años para la fiesta de Serapis. Oía a la gente gritar y agitarse y pensaba que Antonio no necesitaba transformarse para hacer de Dionisio. Allí estaba Cesarión, coronado, quien quería llevar la espada de su padre para defender la tierra de su madre. Por fin se cumplía el sueño de Cleopatra ¡allí estaba César con la corona! La audacia de su carrera, la ardiente confianza en el destino, la fe en el poder de la belleza, todo lo que a lo largo de veinte años había recibido o arrebatado por el camino del peligro, de la lucha y de la audacia, estaba condensado ante sus ojos en la figura de aquel niño que la miraba con los ojos de César.

En Éfeso y en Atenas

En aquella época Éfeso era una ciudad que tenía ya un siglo de cultura griega, conquistada por los persas, liberada nuevamente por Alejandro, y tomada de nuevo por los romanos, se parece, por su ubicación, a Alejandría, entre un lago y una fructuosa *hinterland*. Los conquistadores de las montañas del Asia Menor recorrían, para llegar a ella, una antiquísima vía por el Mediterráneo, en donde ahora está Esmirna y en donde al río le falta poco para desembocar; los conquistadores que procedían del oeste, encontraban este mismo camino militar en las montañas del Asia Menor. Era el puerto de armas más grande, y cuando dos conquistadores peleaban y uno de ellos era el dueño del mundo oriental, alejaban a su rival de esta base, maniobra muy juiciosa y acertada.

En el año 32 a.C. las tropas de Marco Antonio levantaron su campamento ahí, entre el mar y las montañas. Porque él, Antonio, que acumuló su poder en ese lugar, era, a esas alturas, realmente el señor del mundo oriental: su poder alcanzó desde el Éufrates y Armenia hasta el Mar Jónico e Iliria, los Balcanes de ahora, sin olvidar las tierras de Cirenaica hasta Etiopía. Allí reunió él, con cien mil infantes, doce mil jinetes y quinientos buques, muchos de los cuales eran galeras de ocho y diez parejas de remeros, un ejército no comparable al de César ni al de Alejandro. Antonio había sido llevado a aquel puerto por noticias romanas cuyo origen no se conoce, al volver de su nueva campaña de Armenia. Allí acampó a la espera de Cleopatra y de la riqueza que una vez más le llevaría.

Parece que Cleopatra deseaba permanecer, por lo menos un año alejada de su hogar; mas, sin embargo, nadie sabía exactamente para quién estaba destinada aquella máquina militar tan gigantesca. Los pueblos de Asia estaban temerosos porque los soldados entonaban canciones de venganza contra los persas, que debían ser aniquilados por fin, y sus aliados les juraban, a la hora del vino, seguirlos hasta el fin del universo; pero a la vez, todo el Oeste hablaba de la amenaza de una guerra civil contra Octavio. Marco Antonio y Cleopatra tampoco sabían a ciencia cierta qué iba a pasar: él confiaba y ella temía que todo sería únicamente contra Persia. Como él se jactaba siempre de triunviro romano y ella era reina de Egipto, sus objetivos eran diferentes, y por lo tanto quedó entregada al gran enemigo —Roma— la decisión de la hora en que se haría la guerra civil. En aquella época de continuas provocaciones, en la niebla de desacuerdos y de dudosas maniobras, se había reducido mucho la visualidad del mar para poder ver si ya los buques enemigos desplegaban sus velas hacia acá.

Cleopatra llegaba con doscientos buques, trayendo trigo, vestimentas, metales y un tesoro de veinte mil talentos, iguales a cien millones de franco oro; además, una corte, eunucos y esclavos: todas las superficialidades que el antiguo mundo poseía. Temía menos una campaña en Persia, y se sentía segura de poder provocar la ruptura de Antonio con Octavio y derrotar a éste último. Ella quería terminar con la presión de Roma, la cual había crecido día a día y se había hecho intolerable. La ley de la dictadura hacía imposible la vida pacífica entre ambos hombres; sobre esto estaban las ansias de sensaciones de las muchedumbres de ambas ciudades, la intranquilidad y las intrigas de los príncipes del Mediterráneo y el amenazante desahucio del triunvirato.

Aun cuando la oportunidad de reanudar la alianza se ofrecía con la reconciliación de Antonio con su mujer romana, la política de Cleopatra iba directamente a provocar el divorcio entre Antonio y Octavia, para conservar al primero exclusivamente para sí. El divorcio significaba la guerra entre Alejandría y Roma, y como ella era griega, la guerra entre Atenas y Roma: la vieja disputa mundial era, al fin y al cabo, la que ahora maduraba. Sin embargo, esta mujer, la más hábil de su época, aun cuando conocía las deficiencias de Antonio y sabía las debilidades de su juguetona naturaleza, fue arrastrada, en medio de los laberintos y oscilaciones de su destino, a dar la batalla final, porque había nacido para un Julio César y no para un Marco Antonio.

Había dejado a Cesarión en Alejandría a cargo del gobierno, para comprobar, a la vez, su eficiencia. Si lo hubiese llevado consigo, cualquier traición podría eliminar a los otros hijos, como muchas veces aconteció en la historia de su casa. Pero, a la vez, la reina temía que su hijo y heredero pudiera ser aprisionado, como podía pasar si la suerte sonreía a Octavio. Éste, a través de una propaganda perniciosa, se dedicó a ahogar la popularidad de su contrario, y a esto su gente sumaba cien mentiras sobre Antonio y Cleopatra.

Y siempre valiente con los ausentes, Octavio lanzó también sus venenosas flechas en contra de la reina, a veces mediante el Senado, a veces valiéndose de cientos de agitadores. Él sabía que sólo imposibilitando a Cleopatra podía transformar la cercana guerra civil en una guerra contra un Estado enemigo.

Esto era lo que se decía por todo el Imperio Romano:

"La reina de Egipto tiene poderes mágicos porque es de un país donde se adora a los animales. Con bebidas mágico-amorosas ha desviado al noble romano (Antonio) hasta el punto de que en un banquete se levantó a besarle el desnudo pie. A la cabeza de sus eunucos la acompaña por las calles en su litera. Si él está en la silla de los jueces, vienen comisiones que le hablan suavemente y que le traen bandejas de ónix; y una vez, al verla pasar, dejó él la silla curul para ir tras ella. Se ve que está embrujado. ¿Cómo podría, en otro caso, rebajarse tanto un general romano por una mujer africana? Sus hijos son todos bastardos porque la esposa legítima de Antonio se llama Octavia, y el primero, que se atribuyó a César, Cesarión, no puede ser de él y si no, ¿dónde están los papeles en los cuales César lo reconoció? Se han dilapidado los

bienes heredados: Antonio tiene una bacineta de oro, y hace poco la reina, en una fiesta, diluyó en vino una perla de seis millones y se lo bebió de un gran trago. Pero ella está siempre consciente en las borracheras porque tiene el poder del embrujado anillo de amatista".

El efecto de estas falsedades no fue pequeño, pero tampoco fue lo suficientemente grande como para perjudicar a Antonio; eran lanzadas por el más impopular de los triunviros al más querido y popular. Como Octavio se sentía poco querido en aquella época, creó el juramento obligatorio de lealtad a su nombre, para todos los habitantes: un método enteramente nuevo para los romanos, odiado luego porque era un aviso del fin de la República. Y cuando Bologna se negó a jurar, se hizo el desentendido y dijo en el Senado que toda Italia estaba de acuerdo con él. El terror llegó tan lejos, que ambos cónsules y cuatrocientos hombres con grado de senadores, partieron por vías ocultas, antes de la iniciación de la guerra civil, a encontrar a Antonio, porque éste y sólo éste, decían sus amigos, salvaría la República.

Sin embargo, esos romanos sufrirían una decepción al desembarcar en Éfeso. Un mercado de pueblos y trajes, egipcios y árabes, armenios y medos, griegos, judíos y sirios iban desde los buques hasta el río y luego, contra la corriente, hasta el campamento. En el templo de Artemisa, entre las cúpulas y el mármol, cien idiomas resonaban en las galerías de cedro. ¿Dónde estaba Roma? Las antiguas legiones, medio orientalizadas, medio salvajes, saludaban a los cónsules con el dejo de los soldados que hace tiempo han olvidado su hogar y a quienes garantizan su libertad. Y ¿quién recibe a los senadores de Roma? ¿Marco Antonio vestido de macedonio o la reina con su doble corona? Alrededor de ellos, estaban, como vasallos de reyes, los reyes de Tracia y Pafalagonia, del Líbano y de Galatea, todos sumidos en los colores de un manto oriental. Pero también había legionarios romanos aunque en su escudo, en lugar de las cuatro grandes letras latinas, llevaban las iniciales 'C' y 'A', en una bella combinación de dibujos.

Luego se formó en el campamento un nuevo grupo de romanos, al cual se sumaron muchos oficiales, y cuando la reina apareció en el Consejo de guerra y oyeron atentamente la opinión de Antonio, los antiguos amigos lo rodearon y le prometieron enviarlo inmediatamente a casa, antes que perdiera todas las simpatías de Roma. De inmediato Cleopatra, con hábil mano, supo rendir al culto de Baco al General, para lo cual el mejor ambiente lo daba la Isla de Samos, allá al frente. Había tiempo; aún no había guerra, era primavera, había paz; la vida florecía en el mar y en la tierra... Plutarco escribe:

> "Y mientras todo el mundo estaba lleno de penas y de miedo, en una sola isla, por corto tiempo, resonaron las flautas y las arpas, la alegría de los comediantes y de los coros, en tal forma que había que preguntarse cómo celebraría Antonio su victoria si en aquella forma celebraba las posibilidades de la guerra".

Los partidarios se sobrepasaban en fiestas y en despilfarros. Del caos amenazante se habían salvado unos doscientos hombres que ablandaban con mujeres y con vino el rigor que se avecinaba; a su cabeza estaba el nuevo Dionisio de Alejandría, que hacía y dejaba hacer. Cuando el cocinero le presentó un banquete que tuvo el poder de admirar a aquellos refinados tragones y bebedores, le regaló una casa, y cuando los artistas le satisficieron, les regaló la ciudad de Priene. Y luego se fue con su corte hacia Atenas, donde Cleopatra era también reina, ella, la griega.

En Atenas acordó saludar oficialmente a una delegación de distinguidas damas y de conspicuos hombres; observó Antonio que era "ciudadano de Atenas", y fue él quien pronunció el solemne discurso de recepción a su mujer.

Luego hizo preparar en honor de Baco una gigantesca fiesta en el teatro de Dionisio, una orgía que admiró a toda Atenas y, por último, fue en su carro hasta la Acrópolis, maravillosamente iluminada. Los atenienses, acostumbrados a honrar y a acogerse al poder, la saludaron como sucesora de Alejandro y le elevaron una estatua en el Partenón.

Hacía poco, su estatua de bronce romano, mandada construir e instalada por César, había sido destruida por la muchedumbre. En Roma sólo había enemigos. Roma se había convertido en enemiga porque pertenecía al falso hijo de César, que odiaba al legítimo. Su próxima tarea sería alejar a su esposo definitivamente de Roma, y para eso había de inducirlo a divorciarse de su mujer romana.

Poco después, de forma inesperada le ayudó la primera contra la segunda mujer porque Antilo, hijo de Fulvia y de Antonio, llegó a Atenas e impresionó muy bien a su padre. Tenía 14 años, era más bajo que Cesarión y, según el parecer de ella, incomparable con su hijo. Procedía de la casa de Octavia y contó curiosas nuevas sobre los sucesos de su hogar. Además, un segundo personaje arribaría en Atenas: Geminio, un antiguo compañero de armas, quien se encargaría de prevenir a Antonio de una ruptura con Roma y que después de aconsejarle que volviera a Egipto si no lo iban a declarar enemigo de la patria, huyó al día siguiente. Tras él se fue Planco, el secretario de Antonio y un grupo de senadores que regresaban a Italia.

Mientras tanto Antonio le confiesa a Cleopatra que Octavio le había escrito con amargas quejas, pero sólo espiando pudo conocer la respuesta de la carta. Y dicen que aunque en esos momentos ella no se admiró de su contenido, la posteridad la encuentra interesante porque es la única carta privada que se ha conservado de uno de los cuatro seres que hicieron esta historia, y tan sólo es una pequeña parte la que está citada por Suetonio, que logró encontrarla en un archivo privado. En ella dice Antonio a Octavio:

"¿Qué te ha indispuesto contra mí? ¿Que duermo con la rei-
na? Es mi mujer. ¿Es tal vez una novedad? Pero si ya hace
nueve años de esto... Y tú ¿todavía duermes con Drusila?
¡Te apuesto tu vida y su salud a que tú, cuando leas esto,
hará ya tiempo que habrás tenido a Tertulia, o a Terentilla, o
a Eufilia, o a Salvia Titisemia, o a todas juntas a la vez! ¿Qué
importancia tiene la mujer con que uno satisface sus deseos?"

Cleopatra, que ya sabe todo sobre Marco Antonio —guerrero, báquico y plebeyo—, le exige el divorcio de Octavia,
argumentando todo tipo de razones. La guerra se acerca.
Octavio no tiene dinero suficiente para hacerle frente; nuevos gravámenes y contribuciones lo han alejado aún más
del pueblo: ésta es la oportunidad de enfrentarse a Octavio, con el gigantesco ejército que espera impaciente sus
órdenes. ¡El divorcio de Octavia es la declaración de guerra más elocuente para Octavio!

La lucha contra Octavio

A los pocos días, Antonio reunió a sus generales y algunos
senadores, y como todos comprendían que algo tendría que
suceder, estuvieron todos conformes en que esto sucediera
lo más pronto posible. A algunos inseguros se les había
disipado la incertidumbre con oro de Egipto. Antonio deter-
minó su divorcio en una carta en la cual le ordenaba a su
mujer que abandonara inmediatamente su casa. Su casa era
el palacio, no pagado, de Pompeyo.
Dicen los historiadores que aquél fue un gran día para
Octavio. El pueblo pudo ver a la mujer de un triunviro aban-
donando, con sus cuatro hijos y por orden de su esposo, la
casa del hombre que la había desposado ante el pueblo,
hacía ocho años. Esto era un gran golpe para el nombre de
Antonio. Además, coincidió con los testimonios de los senadores que regresaban de Atenas, a quienes se había perdonado con gusto la doble renuncia. Uno contaba que

Antonio daba a sus huéspedes vino agrio, mientras él tomaba falerno. El otro dice que Cleopatra, a cada oportunidad gritaba: "Tan cierto como que vivo, es que yo haré justicia en el Capitolio". Y Planco, su amigo, traiciona en algo aún más valioso la confianza de Antonio para halagar a Octavio. Había sido testigo del testamento del romano cuando se casó con Octavia y delató ante su nuevo amo, dónde se encontraba el testamento y cuál era su contenido. En Roma no había un lugar más seguro que el templo de Vesta, y la Historia de Roma, llena de delincuentes, no cuenta, hasta ese entonces, un caso de robo de los documentos que se colocaban bajo la protección de los dioses.

Octavio rompe la consigna y comete la felonía para aprovechar las ventajas que la divulgación del testamento le puede valer. Envía a pedirlo a la vestal superior (gran sacerdotisa); ella se niega a entregar los papeles intangibles hasta la muerte de Antonio, y dice que el triunvirato sólo puede obtenerlos por la fuerza. Octavio se hace abrir, entra y se lleva el testamento de Antonio.

Con elementos tales como el testamento robado, Octavio sabe proceder en forma más adecuada que aquella en que Fulvia obró con los papeles de César. Sabe, además, que Planco robó a Antonio y todo el mundo cree y supone que se ha fugado por miedo a ser descubierto. Luego, hace leer una historia sensacional de la vida de Antonio en el Senado, tan llena de excesos, que un viejo senador le grita: "¡Por Hércules! ¡Cuántas cosas hizo ese día Antonio!". Pero aquello sólo era el preludio. Después, él mismo sube a la tribuna y declara que mediante embrujamiento se le ha robado la razón a Antonio. Su ejército está en realidad mandado por un eunuco egipcio, que obedece a una camarera de Cleopatra llamada Charmion y a su peinadora Iras. "Ante el peligro que para Roma significaría su conquista por aquella gente, ha resuelto romper el sello del testamento de Antonio, y leer dicho documento: Antonio reconoce a Cesarión, por ser hijo de Cleopatra, como heredero de sus provincias. Y si él, Antonio, muere, debe ser llevado en solemne funeral hasta el Foro, para luego embarcarlo a Alejandría, donde quiere descansar junto a la reina de Egipto".

Antonio, que escribió tan poco, no dejó un pensamiento más bello. El robo de Octavio era una obra de canallas, y, sin embargo, había calculado bien su efecto. Se le acusa, entre otras cosas, de antirromano, e inmediatamente se le retira su nombramiento consular para el año siguiente y se le destituye de numerosos puestos, pero, aún así, su nombre tiene tanta fuerza que no se le puede declarar enemigo de la patria.

Octavio tampoco necesita tal decisión: le basta con declararle la guerra a la reina de Egipto. En el templo de Belona lanza la espada sobre el simbólico límite de la tierra enemiga. Corre el año 32 a.C.

En Oriente, Marco Antonio y Cleopatra habían vuelto a Éfeso cuando los sorprendió una curiosa embajada de Octavio: le pide a su enemigo que le deje descender en Grecia y que le conceda un terreno no mayor que el que recorre en un día un caballo; cinco días después estaría dispuesto a la lucha. Antonio arrojó la carta y comprendió el proyecto: Octavio recelaba los campos de batalla de Macedonia, punto natural del encuentro por venir, porque allá, en Farsalia, había ya una vez vencido el joven Antonio bajo las órdenes de César. Por eso Antonio propuso a Octavio, mediante el mismo mensajero, como campo de batalla, Farsalia; en caso contrario, proponía una lucha de jóvenes de veinte años. Nadie percibió la suave sonrisa de Octavio ante esta oferta.

Después hizo subir las tripulaciones a los buques, porque nadie sabía si el combate sería en el mar, en la tierra o en ambos elementos; pero Octavio supuso que su enemigo provocaría la lucha en los Balcanes, y por eso hizo ofrecer a su hija Julia como esposa del rey de Geta, cuya ayuda podría ser decisiva, y además, ofreció él mismo casarse con la hija del rey algún día: todo con el deseo de obtener tropas auxiliares. El ejército y la flota eran un poco menores que los de Antonio, pero tenía noventa y dos mil hombres y doscientos cincuenta buques. Su proyecto era entretener al enemigo en el Epiro con veinte legiones, pues no temía en realidad el campo de Farsalia.

Por su parte, Antonio había perdido por enfermedad una tercera parte de las tripulaciones, y las había reemplazado por jóvenes reclutados violentamente en Grecia. Se hablaba de cientos de campesinos del interior, que jamás habían visto un remo. Además, ¿Qué podía esperar del vigor de un ejército que había estado un año inactivo en el campamento y cuyos oficiales comparten las dudas y que, por eso mismo miran ya con un ojo hacia Roma? Sus amigos y partidarios le proponían, con respeto y camaradería, una batalla terrestre en lugar de una naval: él debería enviar a Egipto a la reina con sus galeras rápidas; enseguida en Macedonia, en donde ya estaba una parte de sus tropas, y en donde podía conquistarse la alianza del rey de Geta, obligando luego al debilitado enemigo a dar batalla en Farsalia o en sus alrededores; ¡entonces la victoria sería del gran general!

Sin embargo, Cleopatra quería la batalla naval ya que en tierra su gran corte era un obstáculo. El viejo y respetable Enobardo le dijo a Antonio una vez que "con ella, que era objeto de murmuraciones en toda Roma, no podía jamás llegar a aquella ciudad como vencedor; en cambio, sin ella, sería tan popular como veinte años antes y haría olvidar todas las habladurías tendenciosas producto de Octavio y de la historia de su testamento". Sólo a él quería el pueblo, y sólo a él y no a su rival era a quien las legiones pedían la reposición de las antiguas libertades republicanas de Roma.

Un par de horas más tarde Cleopatra sabía ya todo. Aunque no pensaran en ella, lo que aquellos hombres le aconsejaran al General era precisamente lo contrario de lo que ella quería. En ese entonces, tenía poca fe en el vigor y en la agilidad de su esposo, y estaba convencida de que debía hacerlo desistir. Vencido por Octavio, él y ella estaban perdidos. Como vencedor, caía en manos de Roma, pero no como rey al lado de su reina como pudo haber esperado de César; para eso le faltaba la energía espiritual que coronaba a César a su misma edad.

En este dilema, la hábil mujer habló de un tercer camino, una escapatoria: evitar el destino una vez más mediante una batalla aparente. Tal resolución quizá no fuera la más indicada pero era la única salida. Él, por su parte, que en su ruptura con Roma en Atenas había arriesgado mucho más de lo que resistía su débil carácter, se mostraba satisfecho de poder desviar una vez más la solución final tanto tiempo aplazada desde el tratado de Antioquia. Así, pues, una vez más, Marco Antonio siguió a su mujer, que era la que hacía su historia.

Por su parte, Agripa, el general con que Octavio solía vencer, pudo conocer, mediante sus espías la desorientación del campamento, así como del corazón de su enemigo. En marcha forzada hizo ir las tropas de su señor a la costa sur de Italia, las hizo llevar en rápidos barcos a la costa griega, mientras que por otra parte las hizo caminar por tierra hacia Macedonia, en forma que todas las fuerzas se dirigieron al enemigo por la parte sudeste. Todo se hizo velozmente, porque así aumentaba más el desconcierto del rival.

Pero Antonio era todavía un hombre y un general. A la noticia del avance de Agripa, puso de un golpe su ejército en movimiento, como antes, en tierra y por mar, haciendo que una parte avanzara hasta la bahía de Patras, y el resto se fuera en la flota rumbo al Oeste. Como esperaba encontrar al enemigo en el mar, conservó al ejército de tierra como atenta reserva, listo para la posibilidad de una retirada, o como refuerzo cercano, confiado en dar la batalla en la costa oeste de Grecia donde estaba la frontera con Italia, o sea entre las dos mitades del mundo que se habían señalado los triunviros. Como el camino marítimo de Octavio era más corto, los enemigos se encontraron algo al sur de Corfú, cerca de las islas Leucas.

En esta playa de la actual Grecia, rica en golfos y en ondulaciones rocosas, el mar ha hecho una bahía de cinco kilómetros de longitud por veinte kilómetros de ancho, con una boca de apenas un kilómetro. Este golfo de Ambracia, hoy llamado de Arta, ofrece un puerto natural de inapreciable valor para quien busca protección del viento, pero es peligroso para los guerreros que son perseguidos, porque

El Golfo de Arta era considerado el centro del Imperio Romano. Ahí se llevó a cabo la famosa batalla de Accio, enfrentándose Marco Antonio y Octavio.

es más fácil cortarlo que los Dardanelos, cuya entrada es diez veces más ancha. En los alrededores hay pantanos difíciles de vadear, y allí nace el Pindo, que apenas muestra rastro de nieve. Aquí, en una de las montañas avanzadas del Accio o *Actium,* exactamente al centro del Imperio Romano, se encuentran los ejércitos de Roma en la lucha definitiva de la historia occidental.

En las colinas del lado norte estaba Octavio; a su derecha está el mar Jónico hasta las costas de su patria, Bríndisi, Tarento, Mesina, en su posición de perro guardián, que no retira los ojos del punto de entrada. Dentro, en la bahía estaba toda la escuadra de Antonio unida a la mayor parte de su ejército, que alcanzaba a ocupar hasta muy adentro. Como el enemigo le cerró la salida, había dificultades para trasladar las provisiones en burros desde tierra hasta su escuadra. La estrecha entrada estaba clausurada por las muchas galeras de Antonio.

Por ese lado era, pues, inaccesible, pero sólo en posición de defensa. Cuando Antonio, desde el extremo de la costa, donde se levanta la gigantesca estatua de Apolo, miraba al enemigo, que no estaba ni a dos mil pasos de él sobre la colina, lo veía inactivo, esperando, como él mismo lo estaba. Sólo que en el mar innumerables barcos atisbaban su salida para combatirlo. Estos enemigos, a la llegada de Octavio se habían disfrazado de legionarios, apareciendo como tales en las cubiertas de las galeras.

Los dos generales romanos permanecieron por largas semanas frente a frente, y si ninguno perdía la paciencia la batalla podía dejar de realizarse. Dicen que era la resistencia a luchar lo que sentía un romano frente a otro, no por razones de origen moral, sino por la inseguridad de los bandos, pues esperaban una solución más adecuada mediante tratados políticos. En las semanas de viaje, a bordo, Antonio había comprendido el consejo de su mujer y lo había aceptado: la solución era la batalla naval, pero no una que condujera a la destrucción del enemigo, sino a la salvación de la propia escuadra. ¿Qué sería de su ejército de tierra que lo esperaba con el arma al brazo? Había dejado en Cirene cuatro legiones con sus buques, cuatro en Egipto y cuatro en Siria. Nadie de su Estado Mayor comprendió por qué no hacía venir aquellos treinta mil hombres, pues todos pensaban aún en la batalla terrestre. Sin embargo, él contaba para más tarde con aquellas tropas. En todo caso quería ir al Sur con su escuadra después del combate.

Mas ya no se podía prolongar por más tiempo la primera fase del plan: la batalla naval. Sus oficiales no estaban de acuerdo con él, e inmediatamente se formaron partidos en su cuartel general. Otra vez lo abandonaron algunos hombres, dudosos de su suerte, y Antonio se impuso de la huida de dos reyes aliados y luego de la del romano Domilio, de quien se dice cayó muerto, repentinamente, unos minutos después. Más tarde cuentan como a Enobardo le ataca la fiebre y quiere refrescarse en un viaje por mar. Media hora después está con Octavio.

Antonio está dolido y decepcionado pues confiaba en Enobardo; así, pues, cuando acusan de sospechoso a otro senador, lo hace matar para después arrepentirse de su sangriento arrebato. Tal vez fuera aquella noche cuando, como todas las naturalezas débiles, descargó su rabia sobre otras personas, entre ellas su mujer, la reina.

Cleopatra se encontraba en su tienda transformada en cámara mediante cientos de telas de seda. La acompañaban sus esclavas de *toilette*. Estaba tendida a su manera, con las piernas recogidas sobre los cojines, entre los cuales se amontonaban los collares, aros, anillos y pulseras que brillaban al resplandor del arco de luces; todas piedras preciosas y semipreciosas. Así la halló Antonio cuando entró a la tienda lanzando terribles quejas y reproches por la "loca ocurrencia" de la batalla naval. Dice la historia que las esclavas huyeron y que la pareja entabló una agria y hasta violenta discusión, terminando ella, enfurecida, con la amenaza de retirarse con sus sesenta buques. Y todavía más,

155

ante las groseras ironías del General, la reina tomó un puñal y con él, le señaló la salida de la tienda. Sin embargo, esto hace reaccionar a Antonio que salió sonriendo de la tienda de campaña, como si nada hubiese sucedido.

A la tarde siguiente todo estaba listo para la batalla. Estando tan cerca del enemigo, se veían todos los preparativos, lo que, según las costumbres antiguas, significaba abierta y públicamente que la gran lucha sería al otro amanecer. Para despistar a los espías, Antonio ofreció aquella noche un banquete. Había ordenado que le llevaran a la reina, antes que a él, todos los platillos: tan grande era la desconfianza que aún existía en su corazón a pesar de la reconciliación y a pesar de las sonrisas. Ella lo supo e hizo envenenar las flores que llevaba en sus cabellos, y cuando estaba rodeada de los oficiales que brindaban junto a su esposo, las tomó de repente y las arrojó a un ánfora con vino; luego se la ofreció para que bebieran juntos. Él tomó el ánfora y cuando iba a beber, ella le detuvo el brazo y le dijo: "¿Ves, Antonio? Yo debo probar primero tus comidas... ¿Quieres guardarte de mí?... ¡Si quisiera matarte, qué fácil me sería!", y enseguida hizo traer a un criminal para que probara el vino, el cual cayó moribundo en el acto.

Esta escena, descrita por Plutarco, ilustra la superioridad de Cleopatra a pesar de su crueldad. Al mostrar su desconfianza ante sus propios oficiales, que seguramente la llevarían al resto del ejército, lo colocaba como un marido injusto, y todo esto en la mesa, entre vasos de vino, con su cabellera adornada y ante una batalla que debería unirlos más.

Cuando a la mañana siguiente Antonio subió a su buque almirante, vio cómo la esquena, un pequeño pez, persiguió al "jefe de la flota", lo que lo hizo descender de su buque y subir a otro, siguiendo una antigua tradición de los marinos. Ordenó a su gente que callara el incidente, pero Cleopatra lo supo y palideció. Ante este suceso ordenó que subieran a su buque todos los romanos distinguidos; tan honda era la desconfianza que ellos le inspiraban. A la misma hora, Octavio, por el otro lado, dicen que encontró a un hábil burrero quien, al preguntarle por su nombre, le dijo: "Me llamo Fortunado y mi burro se llama El Conquistador". Y por otra parte afirman que un viejo soldado de Antonio dijo al mismo tiempo: "¿Tiene tan poca confianza en nuestras heridas y en nuestros juramentos, que nos empaqueta en esos viejos cajones? ¡Por los dioses, deje a los egipcios con su mar y llévenos a tierra, en donde sabremos triunfar o morir!"

Los dos generales casi podían oírse, porque Agripa, que era en realidad quien llevaba a Octavio, se había acercado con tres escuadrillas hasta una distancia de mil quinientos metros de la flota enemiga. Todos esperaban el viento porque los pesados buques de Antonio con cinco a diez bogas, así como la flotilla de Agripa, estaban inmóviles a la entrada del golfo. Cubiertos por ellos y casi invisibles, en parte a la sombra de los grandes buques y en parte a la de los cerros, estaban los sesenta buques egipcios todavía tranquilos en el golfo bajo el mando de Cleopatra. Ninguno de los romanos se atrevía aún a atacar y tal vez se hubieran contenido aún por más tiempo si el viento del mar no hubiese revuelto el rígido muro que se oponía a Antonio.

Entonces, entre los soldados de Antonio, nació una duda. ¿Por qué siendo ellos un total de diez legiones repartidas en ciento cincuenta buques, correspondiendo así a cada uno, unos mil quinientos soldados, lo que los hacía sumamente pesados, extendían tan grandes velas? ¿Era para perseguir al enemigo derrotado? ¡Qué extraño! Además, se murmuraba que las últimas dos noches, la egipcia había hecho empacar en forma secreta sus tesoros a bordo de sus buques. Y como esto era verdad, y se supo a la misma hora en el campo enemigo pues algunos oficiales se cambiaron de bando junto con dos mil soldados, Octavio, en Consejo de guerra, acordó dejar libre la salida para que Cleopatra pudiera fugarse.

La batalla final

La famosa batalla que el viento obligó a dar a estos dos generales irresolutos fue contemplada desde tierra por los dos ejércitos, que desde las colinas azuzaban a los suyos, como se hacía en el circo con los que se batían en la arena. "La batalla parecía más bien un combate en tierra —dice Plutarco—, un ataque contra los muros de una fortaleza, pues tres o cuatro buques rodeaban a un buque de Antonio, y, con flechas y con lanzas encendidas, y con barras y fuegos lo atacaban, mientras el enemigo lanzaba los proyectiles desde sus torres hacia abajo". Y Dion Casio escribió que "con ágiles golpes de remo atacaban las estrechas y pequeñas galeras de Octavio, siempre dispuestas a protegerse de los proyectiles enemigos. Aquí y allá lograban inutilizar un buque: si no lo conseguían, huían nuevamente, y antes que el enemigo se repusiera, se lanzaban sobre el mismo buque o sobre otro pues todo estaba muy desorganizado. Los buques de Octavio parecían jinetes, a veces saltando, a veces persiguiendo, a veces huyendo; los de Antonio se parecían a la infantería pesada que trataba de cubrirse y resistir."

En tanto, Cleopatra vivía la primera batalla después de diecisiete años cuando luchó por su trono y por su vida. Con sus sesenta buques logró salvar el estrecho escape, y mientas los otros ardían en la lucha, oyó sólo a extraños combatiendo por su suerte. La calma a que estaba condenada la ponía inquieta, pues desde el *idus* (medio mes) de marzo nunca había vivido un día como aquél. Se encontraba en la cubierta de su buque almirante al pendiente de cualquier acontecimiento, y cuando la gritería de los octavianos anunciaba el incendio de otro buque de Antonio, consideraba perdida la batalla. ¿Y por qué entonces no dio orden, a la tarde, de atacar con sus soldados y remeros de repuesto, ayudando a su amigo que peleaba allá fuera con ardientes movimientos, lanzando y disparando él mismo sus armas? Porque este plan de la 'batalla aparente' no había llegado a ser un tratado formal, ni siquiera había sido esbozado como un plan de guerra, ni, menos aún, completamente estudiado; sin embargo, Antonio había aceptado su proposición, y lo que ahora hacía no era otra cosa que realizar ese plan, o sea la voluntad del atrevido guerrero de vencer al enemigo. Si después lo dejaban ir y huir a Egipto, era otra cosa.

Ella, encerrada en la bahía, ajena a la lucha, pero tan cerca que podía oírlo debatirse en una posición que la Historia no conoce en otro general, debía sin duda pensar, de hora en hora, en lo que podía suceder si la batalla terminaba a favor de Octavio y en contra de Antonio. El destino de Cleopatra estaba en manos de un general enemigo, que se atrevió a llegar tan cerca, que pudo incendiar el buque almirante de su rival. El destino de Egipto y la vida de sus hijos dependían del miedo de un vigía que tal vez abandonara su puesto para procurar su salvación. ¿Qué sería de ella si Agripa destruía el buque y el vigía moría como héroe? Seguramente la llevarían prisionera hasta el Capitolio, con Cesarión a su lado, pues el otro heredero tomaría al fin la tan anhelada venganza. Al final, Cleopatra ordenó la salida de su flota.

Antes de una hora, La Antonia, seguida por toda la flota oriental, navegaba sobre el velamen, del todo desplegado. Según la resolución de Octavio, ningún buque la persiguió cuando su escuadra apareció en la estrecha entrada del golfo, y como por una calle pasaron los brillantes e intocados trirremes, entre buques humeantes, heridos y combatientes. Dicen los cronistas de la época que Antonio la reconoció y vio la señal convenida, y que no perdió un minuto en hacerse llevar en un bote a su buque almirante, al que trepó acompañado tal vez de su hijo Antilo y de sus amigos.

Pronto se les acercaron algunos buques enemigos, y Antonio, que había tomado el comando, los alejó; pero un hombre se acercó tanto en un bote que pudo arrojar su lanza sobre el General. Éste, desde cubierta, le gritó: "¿Quién eres tú que persigues a Antonio?"..."Soy Euricles —gritó la voz, allá abajo—, el hijo de Lacario. Estoy armado con la suerte de Octavio para vengar a mi padre". Y así era, porque Antonio había dispuesto una vez la muerte de Lacario. Se alejó pero logró capturar, ayudado por otros buques, uno de los más valiosos barcos egipcios, lleno de dinero y de oro.

Después de esta última y corta batalla, el General perdió la serenidad después de la tensión a la que estuvo sometido los días anteriores. Dice Plutarco que durante tres días estuvo en el buque de Cleopatra sin hablar, sin comer ni beber, con la cabeza metida entre las manos por largas horas hasta que sus esclavos lograron llevarlo hasta la reina para hacerlo "comer y dormir con ella".

A los pocos días el General se había recuperado y navegaba por la costa sur del Peloponeso, frente a Tenarón. Supo lo que había sucedido; ninguno de los suyos había notado al principio su fuga; Canido, cuando se enteró, no se atrevió a propagarla; tan sólo cuando no se le vio en todo el día, cuando los demás senadores se pasaron al enemigo y Agripa preparó la persecución, el ejército empezó a creer en la derrota, sin que por ello se rindieran las tropas de tierra todavía.

La flota estaba deshecha pero el ejército parecía conservar aún su organización, por lo cual Antonio ordenó a Canido que marchara con él hasta el Asia Menor, a través de Macedonia. Según los cálculos tenía una base de apoyo de diecinueve legiones y diez mil de caballería. Por lo tanto no se daba aún por perdido, y se mostraba tan despilfarrador como siempre; a algunos amigos que le habían seguido por sus caminos de aventuras, les regaló uno o dos buques egipcios cargados de oro; también les dio ciertas cartas para su gente en Corinto y Atenas. Luego siguió el viaje hacia la costa egipcia.

Quien más tiempo necesitó para creer en una victoria fue Octavio. No asimilaba aún que con una sola batalla, a los treinta años de edad, se convertía en el único señor del mundo occidental. En principio, no se le ocurrió nada cuando la masa de soldados que se pasaron a su bando lo colocó en grandes dificultades económicas, ya que no podía siquiera pagar a los suyos. Lo único que alegraba a su naturaleza era la oportunidad de la venganza. Pero como rara vez se atrevía a entregarse a sus sentimientos internos y le gustaba hacer el papel de estoico, esta vez mandó a otro a matar a los principales ayudantes de Antonio, como al hijo de Curio, primer esposo de Fulvia, que peleó a las órdenes de Antonio. Después dedicó su tiempo a las fiestas y honores que le ofreció Roma. Hubieron de salir a su encuentro las mismas vestales que él había deshonrado con el robo del testamento. En el templo de César se clavaron cuadernas de los buques de Antonio, se hicieron arcos de triunfo en el Foro y en toda Italia, se elevaron en su honor monumentos de mármol. Nadie quiso acordarse de haber sido en algún momento de su vida antoniano. El cumpleaños de Antonio fue declarado nefasto por el Senado. Roma pedía la conquista de Egipto.

En este punto Octavio se sintió tocado en sus sentimientos. A los tres meses de la victoria de Accio, se dirigió el vencedor al Asia Menor para preparar la conquista de Egipto. Porque allá, en la desembocadura del Nilo, vivía el único a quien tenía aún que temer: había que destruir por fin y en forma definitiva al hijo de César.

Al otro lado, al Oriente, adornada con guirnaldas, haciendo flotar el viento cientos de vistosas banderas, se acercaba la flota egipcia hacia el faro: toda Alejandría debía creer que volvían vencedores. La flota regresaba, casi en su totalidad, no vencida por nadie, después de casi un año de ausencia; ningún buque tenía averías. ¿No era acaso una victoria política de Cleopatra haber sacado su flota sin recibir un rasguño, a través del combate civil entre romanos?

Aquel que se atreviera a suponer cualquiera otra cosa en la ciudad lo pagaría caro.

Mientras tanto, Cleopatra se proponía refortalecer su reino. Si después de quince años le faltaba el auxilio romano, recurriría al oro de los Tolomeos. En lugar de su marido tenía a su hijo ya crecido, en quien confiaba, pues desde que Cesarión, de diecisiete años, gobernaba solo sobre Egipto y se llamaba César Tolomeo, los alejandrinos olvidaron el nombre familiar de Cesarión. El del otro lado del mar, Octavio, se hacía llamar sólo César; pero era su hijo el que con más derecho debía llevar su nombre.

La reina sabe lo que se espera de Roma y trata de conseguir apoyo y aliados para proteger Egipto, pero parece que todos quieren ir en el carro del vencedor de Accio. ¡Ya que faltan las tropas, se necesita más oro! ¡Hay que reponer el tesoro que se prodigó a los romanos! Y hace matar a los burgueses ricos para apoderarse de su dinero, y hace saquear viejos templos para fundir los cálices. Cleopatra sabe que es inminente salvar a los niños por lo que envía a embajadores a España y a Galia para atisbar si hay enemigos de Octavio a quienes equipar con su oro. Después ordena que una parte de la escuadra vaya desde Pelusio hasta el Istmo de Suez para llevar los buques sobre carros hasta el Mar Rojo; también hace examinar las dos vías de caravanas que van del Nilo al Mar Rojo porque confía en que la India, con quien tiene relaciones comerciales, ese país del cual supo maravillas en su juventud, esté tan lejos que no le alcance la mano del romano.

Por su parte, Marco Antonio, estaba desmoralizado. Con dos amigos y algunos soldados había seguido hasta el Peretonio, un pequeño puerto al oeste de Alejandría, por miedo a entrar en la gran ciudad y reencontrar a sus antiguos amigos. Ahí se sentaba sobre la arena, entre el griego retórico Aristócrates, que le daba ejemplos históricos acerca de los cambios de la fortuna y de la desgracia, y su amigo Lucilo, que en Filipos peleó por Bruto derrotado, y que luego, perdonado y honrado, fue fiel a Antonio y vivió junto a él por espacio de doce años. Y un día, cuando llegó a través del Mediterráneo la noticia de que el resto de su ejército se había entregado a Octavio, pensó en el suicidio, pero se le acercó Lucilo y le habló de Filipos, de cómo él solo había ganado la batalla y su aliado, el cobarde Octavio, se había escondido. Ante esta mención de la victoria, volvían la energía y el vigor al desesperado general.

Al poco tiempo Antonio decide volver a la capital con sus dos amigos. Al Este de la pequeña isla que está frente al palacio, el largo malecón va hasta una península donde esta el palacio de los placeres de los Tolomeos, al que se le arregla y limpia rápidamente. El lugar se llama Timoneo en recuerdo de Timón, el enemigo de los hombres, y lo alumbra y oscurece alternativamente la luz del faro. Ahí lo ven, solo, leyendo en su ventana, con la frente contraída, los alejandrinos que pasan en sus botes. ¡Es la viva imagen de la desolación! —comentan.

Cleopatra supo apagar con tacto las murmuraciones de la gente, dando una fiesta de risas y de vino para colocar en sus acostumbradas esferas al hombre decaído y a los críticos de la capital. César debía ser declarado mayor de edad a los diecisiete años para asumir la totalidad del poder cuando ella muriera; y a la vez hizo mayor de edad a Antilo, de dieciséis años, hijo de Antonio y de Fulvia, que estaba con ella desde Accio, sin darle, por cierto, poder, sino para halagar y alegrar a su padre. Así supo la sabia reina relacionar el poder con el alta política, con la opinión pública y con el espíritu de su marido, cuya inercia podía transformar con un par de impulsos semejante, en renovada actividad.

La proclamación se hizo con grandes festejos que dieron a los alejandrinos la ocasión de aplaudir a Antonio como padre de uno de los jóvenes que recibían los vestidos de hombre, y como esposo de la reina. Ella hizo lo que pudo por su nombre; hizo celebrar su cumpleaños con grandes fiestas, olvidando su propio aniversario. También lo hizo coquetear, a su manera, con la muerte, porque para renovar las fiestas de su época dionisíaca, sin dejar de respetar la seriedad del quinto acto, resucitó el "Club de los Inimitables" con el nuevo nombre de "Club de los que no temen a la muerte". Así, el licor y los placeres se avenían con la solemnidad de la presente situación.

Los antiguos escritores señalan en sus relatos que Cleopatra amó de verdad a Marco Antonio y no mencionan la existencia de algún amante durante la época de su matrimonio con el romano. Pero esto no quería decir que algunas veces lo odiara, como aquella vez, en vísperas de la batalla. Pronto tendrían la oportunidad de mostrar si estos sentimientos eran recíprocos...

Uno de esos días llegó Herodes a Alejandría lleno de noticias alarmantes, aparentemente con el propósito de realizar una alianza. Por él supieron los esposos la escasez de tropas que tenía Octavio y cómo había hecho llevar sus buques sobre carros de carga a través del Istmo de Corinto, en la misma época en que Cleopatra trató de llevar los suyos a través del Istmo de Suez. Pero cuando Herodes se quedó solo con Antonio le dio un consejo en secreto: de un solo golpe podía hacer de Egipto una provincia romana, ganando con ello el corazón de todos los romanos y obligando a Octavio a un nuevo triunvirato: le bastaba sólo matar a la reina.

Era el mismo hombre a quien el miedo le impidió matarla aquella vez en el valle de Jordán. Parece que los espías de Cleopatra no conocieron esa oferta, y se dice que, en realidad, Antonio la rechazó. Tan honda era la lealtad que sentía por aquella mujer que significaba su destino, que Herodes tuvo que alejarse al día siguiente porque comprendió que era huésped de enemigos declarados. Se fue a Rodas donde se encontraba Octavio, lo honró con regalos de oro, delató lo que había oído de Antonio, y como premio conservó su reino.

Pero dicen también que Antonio, rejuvenecido por la traición, se lanzó de golpe a la acción, junto a la reina y a su hijo.

Las once legiones que vagaban sin jefe por Siria y por el Asia Menor pertenecían al que las pagara, y Antonio podía hacerlo. Así, pues, partió a conquistarlas aunque fuera contra la voluntad de sus jefes inmediatos, pues parecía que debería empezar la lucha contra su propio general Galo. Pero cuando se acercó a sus antiguos soldados y empezó con su voz de bajo a arengarlos, aquél hizo sonar las trompetas y el Antonio acabado volvió a vivir lo que una vez había vivido ya, en la lejana época de Lépido. Y luego se acordó de unos dos mil gladiadores que, organizados en una legión, había dejado en Siria; los había entrenado y después participaron en su marcha triunfal. Estos soldados, llamados por un mensajero, llegaron inmediatamente a Egipto, donde, sin embargo, se presentó otro de sus generales, Dirio, el que entregó los buques de la reina a los árabes, y deshizo el plan perdiéndose todo porque ya estaba en camino Octavio con su ejército. Antonio regresó a la capital: había que fortificarla.

En aquella época se produce una escena tremenda pues Cleopatra, para salvar a su hijo, lucha por convencerlo para que abandone el país. Finalmente, con algunos buques en los cuales esconde armas, y más que nada oro, lo alista para que llegue a la India. Su viejo profesor debe acompañarlo, primero, a través del desierto hacia Coptos en el Nilo, luego, hacia Berenice, para por fin incorporarse a los grandes grupos de viajeros que van a la India. Allá, en aquel pueblo, que conoce a Egipto a través de sus relaciones comerciales, debe levantar soldados para volver a reemplazar a los defensores.

Un plan tan fantástico no resultaba digno de la cabeza de Cleopatra, pero no era sino un pretexto para alejar y salvar al muchacho. Él lo comprendió y preparó un plan secreto para anularlo para después, según él, emprender la lucha contra Octavio y defender su posición de hijo de César. Sin embargo, nada de esto pasaría. Mientras tanto, la huida del rey debía quedar en secreto. Cuando la pequeña caravana de jinetes, con el César en el centro, se perdió en el borde del desierto, Cleopatra supo que no lo volvería a ver.

Octavio entró en Egipto por la puerta oriental casi sin lucha, y ocupó Pelusio. Cleopatra esperaba pacientemente en su palacio la llegada de su mensajero. Tirso, un distinguido romano, fue a ver a la reina: "Octavio le manda sus soldados —le dijo—. ¡Le ama desde hace mucho tiempo! Le ofrece respetar su tierra, su corona y sus hijos. ¡Sólo Antonio debe desaparecer y todo terminará en felicidad y paz!"

Cleopatra subestima al romano pero lo retiene a su lado utilizando sus artes de seducción, pues sabe que con ello él callará. Sólo que Antonio se pone celoso aunque no se sabe si del mensajero o del que lo mandaba. El hecho es que la historia cuenta que Antonio entró de repente, golpeó al romano, lo expulsó y le entregó una carta para Octavio: "Tirso ha sido un desvergonzado, y si Octavio se siente afectado, allí tiene su Hiparco para que lo cuelgue como quiera".

Pero la reina, que sabe que ya no hay nada qué ganar y aprovechar, cambia de táctica y dice al asombrado romano que le diga a su señor que si quiere la cabeza de Antonio venga a tomar la ciudad; sólo así podrá llevarse tal cabeza. Mediante esta declaración Antonio conoce el fallido complot. Primero que nada hay que armarse. Todo lo que tiene de oro, de piedras preciosas, de marfil, de telas y paños y de raíces extrañas, lo hace llevar a subterráneos secretos, construidos hace tiempo, según la tradición de sus antepasados; están muy cerca del palacio, al Este de las colinas, en Loquias, junto al mar, y pertenecen al templo de Isis, llamada también Afrodita por los griegos. Durante varios días se dedicará a distraer parte de las fuerzas que pertenecen a la defensa para vigilar el transporte de los tesoros acumulados desde el tiempo de sus padres. Porque cuando el enemigo entre, ella quiere quemarse junto con todo lo que contiene la cueva.

Es julio (30 a.c.) pero en la pieza sin ventana el aire está fresco; realmente son dos piezas, pero la puerta está arreglada como para hundirla: el que quede dentro quedará preso. ¿Quién prenderá, entonces, el fuego? Plutarco relata qué fue lo que decidió la reina: "Consultó a su médico Olimpo, quien le aconseja que se haga matar por una serpiente". Y Cleopatra estuvo probando, con prisioneros, cuál era el reptil adecuado, cuya mordedura produjera poco dolor, rápida acción y que no hubiera deformación después de la muerte. (En Egipto, la mordedura de un áspid, era providencialmente el símbolo venenoso de una realeza milenaria).

Cleopatra está lista para demostrar que no se necesita ser romano o romana para saber morir. Pero, a la vez, está resuelta a luchar tanto tiempo como viva la esperanza. También Antonio está dispuesto a buscar visiblemente la muerte en la batalla, porque ya llegó Octavio a las puertas de la ciudad. Antonio recupera su gallardía, vuelve a ser el general de caballería, y así como una vez ganó una batalla para Octavio, derrota a su caballería y la obliga a alejarse en el Hipódromo.

Marco Antonio se acerca a la reina para compartir su reciente triunfo. Plutarco dice que la encuentra con armas; la besa y le presenta a un oficial que ha luchado en forma brillante. Ella se muestra contenta y le regala una armadura de oro; aquella misma noche el oficial se pasó al enemigo. En ese ambiente amenazador, entre los golpes del enemigo en las murallas, entre el desorden de los que todavía combaten, entre los jefes que piden rendición, en medio del horrible calor del mes de julio, a cada momento traicionados por unos, asustados por otros con tremendas noticias, ambos comprenden que al día siguiente caerá la ciudad. Una vez más Antonio desafía a duelo a su enemigo. Éste, cínicamente, contesta que Antonio encontrará otra manera de morir. Por la noche, sentado ante la mesa con los suyos, dice bebiendo: "Mañana no buscaré la victoria sino la muerte. Mañana todos tendrán un nuevo señor sobre ustedes".

La misma noche algunos jefes dicen escuchar sonidos de instrumentos y voces báquicas que forman un cordón invisible desde la ciudad hasta el campamento de Octavio.

Marco Antonio quería luchar en tierra y en el agua. Dicen que a la mañana siguiente se sentía defraudado por ambas cosas: los buques que envía a luchar con el enemigo —lo ve desde una altura— saludan con los remos amistosamente y son recibidos como hermanos: son romanos con romanos. Y cuando quiere llevar a sus jinetes por la puerta oriental de la ciudad para derrotar otra vez a los de Octavio, ve que toda su caballería se pasa al enemigo. "¡Traición!" —grita—. ¡Me han traicionado! ¡La reina está aliada al enemigo!

En aquel momento se le acerca un sirviente y le dice: "¡La reina ha muerto!"

Pero la reina no estaba muerta y le pareció que en la gruta no podría alcanzarla otro mensajero. Con sus dos esclavas corrió a su mausoleo y allí las tres mujeres aflojaron la cuerda y la puerta se cerró: estaban a solas con su tesoro. Por lo menos ahí no temían al puñal. Nadie podría entrar; y tal vez hacía horas que estaban encerradas cuando Antonio recibió la noticia.

Éste, solo en el palacio real, pues todos los sirvientes se habían pasado al enemigo, no tenía un puñal sino una larga espada y, como lo comprobaron muchos romanos, era difícil arrojarse sobre ella. Pero Antonio tenía aún su escudero, y como en la retirada de Araxas le había pedido que lo matara cuando se lo ordenara, hizo que fuera otro más para ayudarle. Se llamaba Eros, y caer por la mano de Eros correspondía exactamente al sentido vital de Antonio. Sin embargo, Eros no se atreve y se mata a sí mismo con la gran espada. Antonio está resuelto y se lanza sobre ella. Cae, pero no muerto, y llama para que acaben con él.

Mientras tanto, llegan un par de esclavos, lo encuentran y le dicen que la reina vive y dónde está. Con débil voz da muestras de desear ser llevado donde ella. Lo hacen, golpean y se identifican. Cleopatra, que nunca duda, encuentra esta vez también un medio: hay un hoyo en el techo; hace llevar escaleras, todo esto entre la sorda gritería de las voces encerradas. Luego, unen una soga a la litera y las tres mujeres se encuentran con el moribundo.

Dice uno de los biógrafos de Cleopatra que estos relatos de los autores antiguos no son invenciones, pues el médico Olimpo, el último que vio a Cleopatra, pudo verlo todo y enseguida describirlo. Dice que Antonio se quejaba y pedía vino. Y que en un momento de lucidez le aconsejó a ella que sólo se fiara de Procúleo y, sobre todo, evitara a Octavio. Después, Marco Antonio tiene el tiempo justo para morir en los brazos de la reina: "No me llores —le dice—; ¡Piensa en los días felices en que fui un hombre poderoso! Para mi orgullo de romano es consolador haber sido vencido honrosamente por otro romano".

No bien ha muerto Marco Antonio, apareció por el agujero del techo la cabeza de aquel Procúleo, diciendo: "Octavio rinde a la reina honor y saludos. ¡Que tenga a bien no asustarse, que nada pasará!" Entonces, ella contesta que abrirá si Octavio promete a su hijo la corona de Egipto.

Todo ha pasado más deprisa de lo que Cleopatra puede apreciar. ¿Quién podría llevarle la serpiente? Aún tendrá que esperar...

Por la tarde Octavio hace su entrada triunfal en la ciudad. Miles de individuos se prosternan; muchos de ellos son los mismos que vieron a César y a Cleopatra en la misma vía dieciocho años antes. Y esos mismos cien mil, hace dos años, estaban en aquella plaza abierta cuando Marco Antonio, elevando a Dionisio, se hallaba al lado de la diosa Isis. Ahora él está muerto y ella está presa, deshonrada. El pueblo reclama su presencia, le piden que salga para ser aclamada como reina. Ella se queda porque desconfía.

Octavio la amenaza con la muerte y con la muerte de sus gemelos.

Un joven oficial, Dolabella, la había amado a distancia, y aunque ella nunca lo había visto, resolvió ayudarla, ya que nadie lo hacía. Como estaba cerca de Octavio, conocía sus planes: pasados tres días pensaba éste hacerse al mar y llevarse a la reina y a sus tres hijos hacia Roma. Con peligro de su vida el joven pudo deslizarse al Mausoleo, alejar la guardia y decirle lo que sabía. Era el último adorador de Cleopatra.

Después de esto, la reina decide engañar a Octavio aparentando deseos de vivir, y le envía una carta en la que le pide que permita sepultar a Antonio en forma Real. Dicen los antiguos historiadores que durante las honras fúnebres ella manifestó sus deseos de morir en su patria. Al otro día le anuncian en el Mausoleo la visita del vencedor. Ella lo recibe y para ganar tiempo, se arroja a sus pies. (Por única vez en su vida hizo eso). Él le aconseja amablemente que confíe en su bondad. Y como ella sabe lo que él busca allí, deja que acerquen sus tesoros. Octavio, que tiene más interés por ellos que por la reina, se hace traer una lista de los tesoros, y cuando el custodio declara que está incompleta, él sonríe. Pero ella, para demostrar sus deseos de permanecer viva, se lanza, furiosa, contra el custodio del tesoro y después cae agotada en su lecho. Esto le asegura a Octavio su desfile triunfal, en Roma, exhibiendo a su prisionera.

Cleopatra, en cambio, gana un poco de libertad; si no las dos mujeres, es el doctor quien la ayuda. Un campesino apareció ante el guardia con un canasto lleno de higos para la reina enferma, y cuando lo examinaron, mostró los higos de encima pero no al áspid que estaba más abajo. Ella ve el canasto, ya está resuelta. Se hace preparar un baño, se hace adornar con todas sus joyas por las dos mujeres, tal como en las grandes reuniones; la grande y doble corona egipcia es afianzada en sus cabellos. Se sirve una opípara comida; hay también vino dulce. Luego escribe a Octavio

Cleopatra con el áspid.

diciéndole que quiere yacer junto a Antonio.

Octavio permitió que Alejandría la honrara como reina y que descansara junto a Antonio, pero él no estuvo presente. Dicen que se apoderó rápidamente del tesoro de los Tolomeos, y empacó el oro y las piedras preciosas en su buque.

Egipto fue provincia romana, la más grande conquista desde la caída de Cartago, hacía 170 años. De hecho, fue sencillamente un país cuya dinastía se extinguió y cuya corona pasó de los Tolomeos macedonios a los césares romanos, del mismo modo que, tres siglos atrás, los Tolomeos sucedieron a los seleúcidas.

Octavio llevó a los tres niños, los hijos de Marco Antonio y Cleopatra, a Roma. Allá los educó su hermana, Octavia, junto a los otros: siete hijos de Antonio crecieron bajo su mano serena. Descendían de tres mujeres distintas.

Cesarión, que estaba todavía en Berenice, fue hallado por los enviados de Octavio y llevado a Egipto con engaños. Un atento oficial le aseguró que Octavio lo recibiría amablemente, "sólo quiere reconocerlo como rey de Egipto antes de su vuelta a Roma". Sin embargo, Cesarión fue asesinado fríamente apenas puso un pie sobre la tierra de que era rey. "En el mundo no hay sitio para dos césares"; éste es su certero punto de vista, el único que Octavio compartió con la última reina de Egipto.

TÍTULOS DE ESTA COLECCIÓN

Impreso en los talleres de
Trabajos Manuales Escolares,
Oriente 142 No. 216
Col. Moctezuma 2a. Secc.
Tels. 5 784.18.11 y 5 784.11.44
México, D.F.